事業承継を
乗り切る
ための

組織再編・ホールディングス活用術

改訂版

税理士法人 アイユーコンサルティング 著

経営者は自社の何もかもを知っているわけではありません。製造のことは造部長の方が詳しいし，販売のことは営業部長，人事採用については人事長が詳しいはずです。

しかし，これらの責任者が詳しいのは，あくまでも日常の事業活動に関すことであって，経営に関することではありません。経営の本質が事業の拡と安定化を実現することである限り，経営者が思い描く未来は，日常の事活動上の責任者の意見や現状に引っ張られてはいけません。自社の将来をくこと，言い換えると「自社が生き残る条件は何か」という一点に絞ってえることにおいて，製造部長などの現場責任者の意見をもとに未来を描くとをやるべきではありません。日常業務の延長線上に自社の未来を考えるきではないのです。

とはいえ，経営者一人だけで考えるには難しすぎる課題です。税務，財務，務，法務，マーケティングなど多岐にわたる項目についても考慮する必要ありますし，なにより経営者は忙しい。

何から考えるといいのか，考えたことに漏れはないのか，他の視点で考えべきことはないかなど，誰かのサポートなしには，ひとつひとつの障害をり越えていくことはとても困難です。

このときに誰が経営者のサポートをできるでしょうか。間違いなく，それ現在サポートしている顧問税理士が適任者だといえます。人にも依ります，税理士のように税務，財務，労務，法務，マーケティングなど幅広く経に精通している専門家はいません。税理士は経営におけるゼネラリストでるべきなのです。だからこそ，経営者は税理士を相談相手として選ぶのです。

しかし，顧問税理士も多くの経営者と向かい合っているためとても忙しい。られた時間と人的資源を有効に使い，経営者の期待に応えるには，税理士らが相談窓口となり必要な知識については各専門家とチームを組んで対応ることが重要です。

そして，これらの仕事は決してAIにはできません。経営者の悩みは，似いるものはあっても全く同じものはありません。つまり，特定の質問を特の順番で聞いていけば解決できるものではないのです。

はじめに

近年，AIの台頭により「なくなる職業ランキング」なるもの
ています。そして常に税理士や税務職員，経理事務員は高い確
グ上位にいます。このランキングの基になったものは，2013年
フォード大学のカールフレイ氏らが発表した「The Future of
(雇用の未来)」だといわれています。コンピューターやAIによ
よって，10年後になくなる職業の予測を論文で発表したので

発表された2013年から10年程が経ち，絵空事だったと考え
勢いるかもしれませんが，技術革新や制度はあっという間に変
変革を与えます。手書きの申告書から申告ソフトで作成したデ
郵送や税務署への持参による提出は電子申告へと，時短を伴う
実に身の回りでも起きているはずです。

経理の現場でも，振替伝票を作成し会計ソフトに入力して
ネットバンキングから会計ソフトへの自動仕訳の取込みで確実
短縮できています。

また，我々の業界はいまだに紹介による営業が主だと思いま
士業が知識サービスであることを鑑みるとなくなることはない
しかし，日本で一番成長している税理士法人はWEB集客が中
と5年も経てば，40年以上の年月をかけて日本一の規模にな
手の税理士法人の地位を，その半分の年月で超えていく日が来
せん。これはWEB集客がすばらしいという話ではなく，時代
したものが，その時代では一番成長できるということを意味し

これからの時代に活躍できる税理士は，コンサルティングが
だという話は業界でも当たり前のようにいわれています。そも
ティングができる税理士とはどのような税理士を指すのでしょ
んは何を想像しますか？　我々は税理士が行うコンサルティン
先の経営者のニーズを汲み取り，痒いところに手を差し伸べる
とだと考えています。

経営者が事業の発展・繁栄を望む限り，経営者の悩みは尽きることはありません。そうであれば，我々税理士が提供できるサービスも尽きることがないのです。

当たり前ですが，企業の発展に「事業承継」は必須です。大雑把な企業成長サイクルとしては「幼年期（起業・創業）→成長期（新規事業展開）→成熟期・安定期（事業承継・M & A）→衰退期（事業撤退・改革）」が挙げられ，企業継続を前提とするのであれば，衰退期になる前に事業承継を上手く済ませ，再度成長期のポジションに切り替えなければなりません。つまり「幼年期→成長期→成熟期・安定期→成長期→∞」というサイクルをつくる必要があります。まさにこれを実践しているのは，日本最大の企業であるトヨタです。豊田家の家訓である「一代一業」は，事業承継の都度，成長期の新規事業展開を行うことであり，その結果として現在のトヨタがあるのです。この考え方は大企業だけでなく，地元の中小企業であってもとても重要です。例えば，創業者が漁師として生計を立て，2代目が町の魚屋さんになり，3代目が鮨屋になって発展していくような流れも考えられます。

この発展のサイクルをサポートすることこそ，顧問税理士の仕事であり，顧問税理士が事業承継支援の専門家になるべき絶対的な理由です。

また，税理士が事業承継支援を行うのであれば，難しくて他の専門家が手を出してこない組織再編のことを理解しておく必要があると考えています。組織再編を活用しない事業承継も多々ありますが，組織再編を知っているのと知らないのでは，結果として雲泥の差が出ます。

組織再編スキームを勘案した上で暦年贈与や譲渡を行うことは，全てのスキームを考慮した結果としての判断ですが，ただ単純に株価評価をして贈与や譲渡を行うことは対処療法的手法に過ぎません。事業承継の本質を見るという点において大きな違いがあるのは明らかでしょう。

事業承継は企業継続の一つの段階であり一貫性がとても大事です。その都度，税のメリットだけを考えて対応するという対処療法的手法では，事業そのものが上手くいかなくなるのです。企業は生き物ですから，筋を通して接していかないと早晩必ずダメになってしまいます。

本書は，大きく３つの編で構成されています。

【ヒアリング編】では，中小企業を取り巻く状況や，経営者・後継者の心理状況について解説し，我々がどのような手法を用いて経営者のニーズを汲み取っているかの紹介をしています。

次に【スキーム提案編】では，前段で自社株式承継の出口（相続・贈与・譲渡）や非上場株式評価の基本，一般的な事業承継スキームについて，スキームごとにメリット・デメリットを踏まえて説明しています。後段は，多様化する事業承継の手法についても類型化してメリット・デメリットをまとめました。

これにより，事業承継に悩める顧問先に対して，組織再編を含む全ての選択肢を理解した上で，企業としての成長まで見出すことができる事業承継プランを提案することができます。

最後に【総合事例編】で，成長支援活用編と失敗事例から学ぶ組織再編活用術として，我々が創業以来，2,000 社以上の事業承継支援を行ってきた中での事例をケーススタディとして紹介し，具体的な組織再編活用術について説明しています。

我々は，「日本のミライに豊かさを」をビジョンに掲げています。我々が考える提案型税理士の増加により，皆さんの顧問先がより元気になり，地域の雇用を守ることで地域の活性化を図ることができれば，「日本のミライ」を創る礎となるはずです。税の専門家として，顧問先をサポートすることで「日本のミライ」が創れるのです。日本のミライを創り，日本のミライを豊かにしていきたい。こんなに意義があり楽しいことはないはずです。本書をご活用いただくことにより，税理士の皆さんが事業承継支援の専門家になる一助となることを願っています。

令和５年７月

アイユーコンサルティンググループ

代表取締役社長・税理士　**岩永　悠**

代表取締役副社長・税理士　**出川　裕基**

目　　次

第４章　非上場株式の評価方法　**71**

第５章　一般的な事業承継スキームの紹介　**80**

第６章　多様化する事業承継　**99**

第９章　失敗事例から学ぶ組織再編活用術　**176**

凡　例

会社……………………会社法
所法……………………所得税法
法法……………………法人税法
法令……………………法人税法施行令
相法……………………相続税法
措法……………………租税特別措置法
措令……………………租税特別措置法施行令

所基通…………………所得税基本通達
法基通…………………法人税基本通達
財基通…………………財産評価基本通達

序　章　中小企業の事業承継支援は顧問税理士の仕事です

税理士事務所の経営は，顧問先を獲得して税務顧問サービスを提供する対価として，毎月報酬を頂くことで成り立っています。顧問先の主たる対象は，いわゆる中小企業を中心とした企業群であり，今まさに減少の一途をたどっている層です。2006年の会社法改正による株式会社設立のための最低資本金制度の撤廃や，昨今フリーランスと呼ばれる個人事業主の増加により，小規模事業者と呼ばれる層が増えていると思われがちですが，中小企業は確実に減少しています。

その証拠に，中小企業庁がまとめたデータによると，中小企業者や小規模事業者（以下，「中小企業等」）の「廃業・倒産」はここ20年増え続けており，1999年において485万社[1]存在していた中小企業等は，2016年時点におい

図表1　規模別企業数の推移

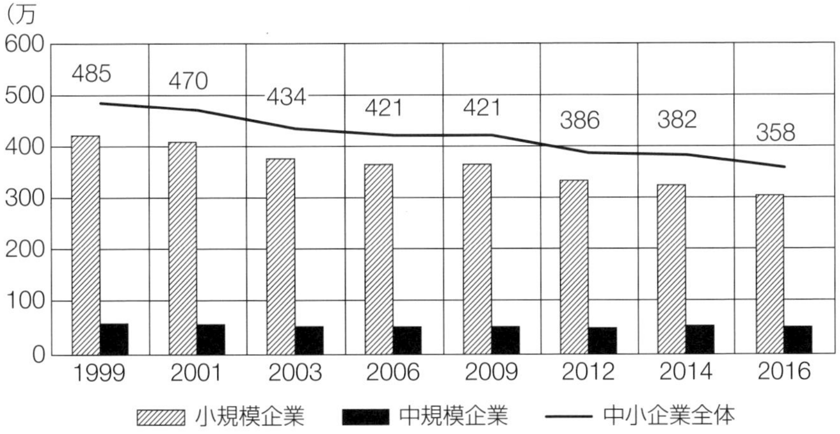

（出典：総務省「平成21年，26年経済センサス基礎調査」，総務省・経済産業省「平成24年，28年経済サンセス・活動調査」再編加工」）
※企業数＝会社数＋個人事業数

1　中小企業60.8万社・小規模事業者422.9万社。

て358万社[2]となっています。

一方，日本税理士連合会による各年度末の税理士の登録者数はというと，1999年に63,874人，2016年に76,493人，2022年80,468人と過去20年間減ることなく増加し続けています。税理士1人当たりの中小企業等の数は，1999年は75社でしたが，2016年では46社まで減少しており，2023年は，中小企業者等はより減少し，税理士の登録者数は微増していることから，さらに減少しているものと考えられます。

加えて，我々税理士業界だけでなく日本全体に驚きを与えるデータが，2017年に経済産業省から発表されています。ご存知の方も多いと思いますが，日本に存在している約360万社程度の中小企業を，ある一定の条件で抽出した結果，なんと全体の3分の1にのぼる127万社が「廃業予備軍」に当てはまってしまったというものです。

「廃業予備軍」とは，赤字続きでの廃業でも，キャッシュフローが厳しくて倒産してしまう黒字廃業でもなく，「経営者の引退」「後継者未定」という2つの条件を満たした状態のことを指します。もちろん，当該予備軍は，あくまで経営者の年齢と後継者の有無に焦点を当てた上で抽出されたものですが，127万社も存在していることは驚くべき事態といえます。

そして日本には，2025年問題もあります。2025年問題とは，戦後すぐの第一次ベビーブーム（1947年～1949年）生まれのいわゆる「団塊の世代」が後期高齢者（75歳）の年齢に達し，医療や介護などの社会保障費の急増が懸念される問題のことを指します。

2　中小企業53.0万社・小規模事業者304.8万社。

図表 2 〉年代別に見た中小企業の経営者年齢の分布

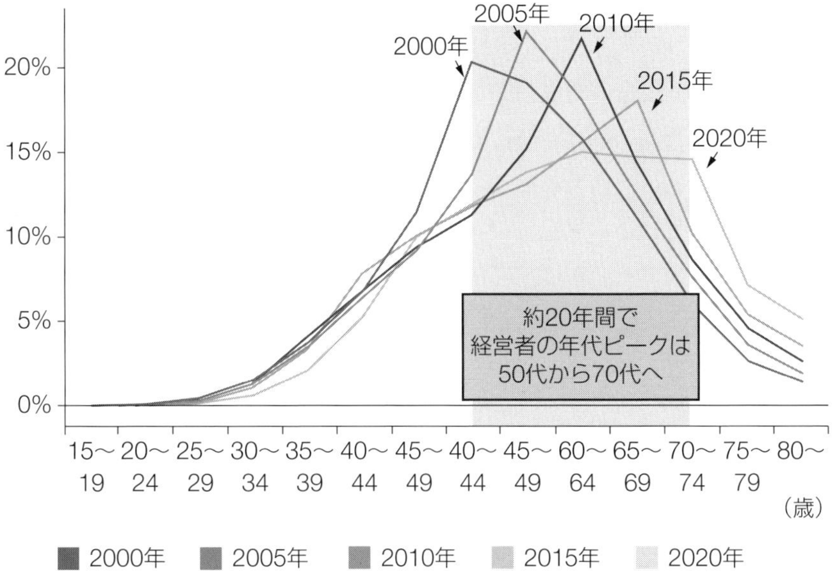

(資料：(株)東京商工リサーチ「企業情報ファイル」再編加工)
(注)「2020 年」については，2020 年 9 月時点のデータを集計している。

図表 3 〉経営者年齢の推移②

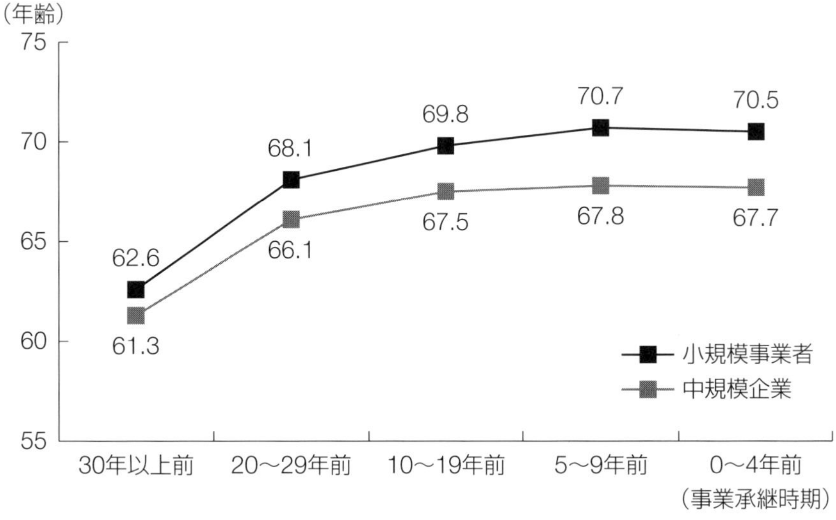

(出典：中小企業庁財務課「事業承継に関する現状と課題」(平成 28 年 4 月 26 日))

「団塊の世代」の高齢化は，中小企業の経営者の高齢化ともいえますので，我々の業界にも確実に影響を及ぼします。税理士業界での2025年問題，それはすなわち「大廃業時代の幕開け」といっても過言ではないでしょう。このままでは2025年の時点で70歳以上の経営者が245万人にのぼるといわれています。なんと経営者全体の約68％にも上る数字です。

中小企業等には，個人事業主のような小規模で税理士の関与がない事業主も多く含まれてはいますが，我々の業界にも大きな影響があることは確実です。事業の継続のためには，経営者の若返りを図る必要があります。思考の若返りではなく実質的な若返り，つまりは「事業承継」以外の道はありません。

ところで，「事業承継」にはどのような手段があるかご存知でしょうか。

2000年代に入るまでは，承継といえば「親族内承継」が主でした。ところが昨今では少子化や都市への人口集中を背景に，親族内で後継者がいないケースが増えており，第三者承継の手段であるM&A[3]やMEBO[4]が急増しています。巷ではM&Aやスモール M&A（売買金額が数千万以下の案件）を中心とした第三者承継の需要が急激に高まっています。その流れを汲んで，地銀や信用金庫・組合の従業員にも，融資先である中小企業等の永続のために様々な提案ができるようM&Aを含めた事業承継の専門知識の教育が行われています。

そもそも税理士は，税の専門家であり承継の専門家ではありません。金融機関が承継の勉強を行っているのであれば，我々税理士も事業承継税制だけではなく，会社法を中心とした企業の成り立ちからしっかりと学び，事業承継へのアドバイスについても顧問先に提供すべきです。

3　Mergers and Acquisitionsの略で，2つ以上の会社が合併したり，他の会社を買ったりする買収のこと。

4　Management and Employee Buyoutの略で，企業の経営陣と従業員が一体となって，ファンドやVC，金融機関等の支援を受け，企業の所有者（親会社，オーナー，株主）から株式等を買収すること。

図表４〉事業承継のフローチャート

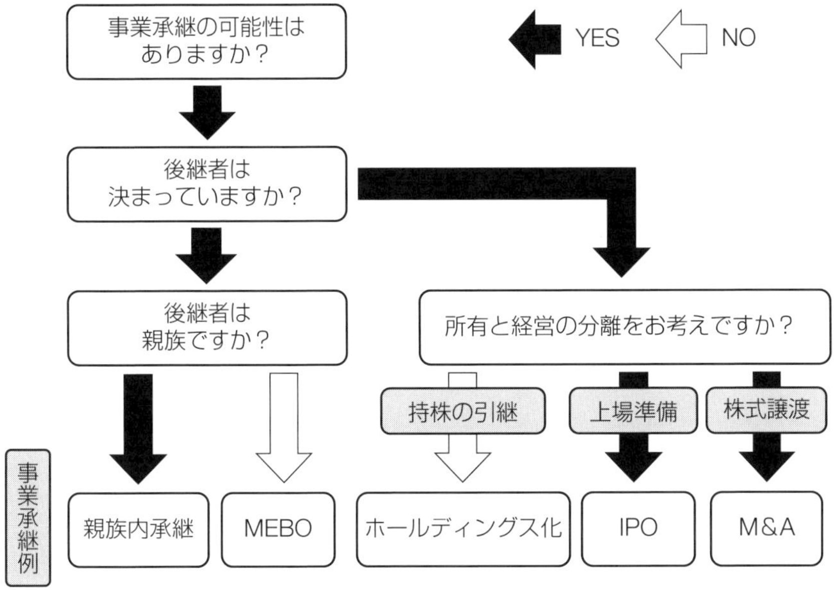

令和の時代，地銀再編なども含め様々な企業の大規模化や集約化は避けられないでしょう。地域に大規模商業施設ができて商店街がなくなってきたのと同じです。日本は世界に比べると長寿企業[5]がダントツに多いのですが，今後は老舗関係なく淘汰される時代が来ます。

後継者未定のまま廃業する企業の中には，黒字経営を続けている健全な企業も多数存在しています。雇用だけでなく優良な技術やノウハウを残すためにも事業承継は最重要課題となっています。

企業の最たる事業承継の相談先は，図表５が示すとおり「顧問税理士」です。経営者にとって信頼できる身近な相手であることに加え，財務状況や経営状態などの内情を知っているからこそ，その存在感はますます高まっています。

5　世界の100年企業のうち，全体の約41％が日本企業といわれています。

図表5〉事業の承継に関する過去の相談相手

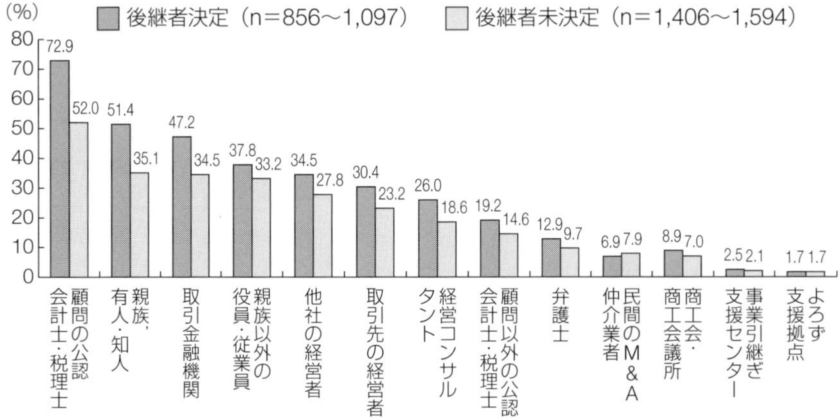

（出典：『中小企業白書 2017』一部抜粋）

我々税理士は，経営者から最も頼られる立場として，大廃業時代の足音を聞き逃さないよう，事業承継について学び続け，情報収集に努める必要があります。そうした姿勢こそ，今後の顧問先企業，そして我々税理士が生き残れるかどうかの試金石となるのではないでしょうか。

PART 1

第1部

ヒアリング編

第1章 中小企業はなぜ事業承継が進まないのか？

1 事業承継が進まないのは未来が描けないから！？

日本政策金融公庫総合研究所の「中小企業の事業承継に関するインターネット調査（2019年調査）」によると52.6％の企業が廃業を予定していると回答しています。廃業理由は，「そもそも誰かに継いでもらいたいと思って

図表1-1 〉中小企業の事業承継に関するインターネット調査（2019年）

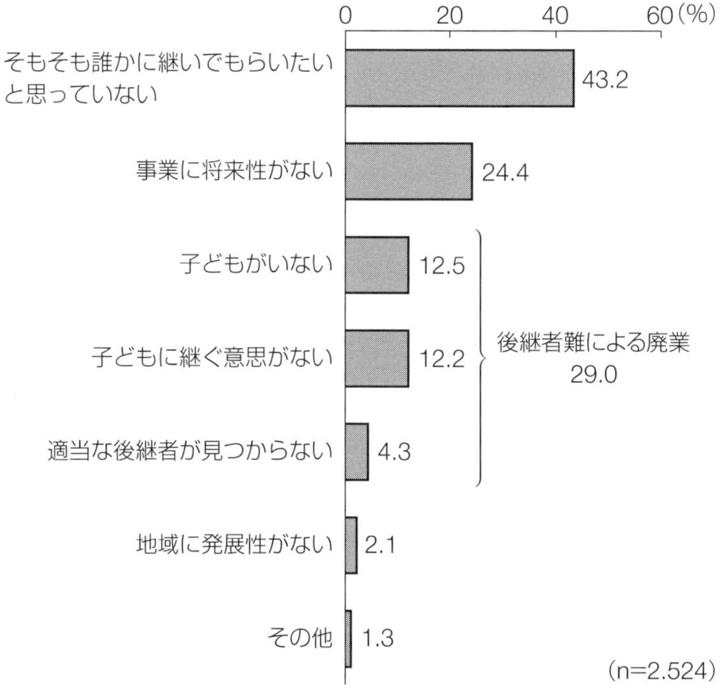

（出典：日本政策金融公庫（https://www.jfc.go.jp/n/findings/pdf/sme_findings200124.pdf））

いない」が 43.2 ％と最も高い割合となっており，次いで「事業に将来性がない」が 24.4 ％，「子どもがいない」「子どもに継ぐ意思がない」「適当な後継者が見つからない」を合わせた後継者難による廃業も 29.0 ％に達しています。

一方で，三菱 UFJ リサーチ＆コンサルティングによると，後継者が事業を継ぐことに前向きでない理由は「自身の能力不足」が57.6 ％と最も高く，次いで「事業の将来性」が 40.4 ％となっています。

着目すべき点は，経営者，後継者ともに廃業理由と事業承継に前向きになれない理由として「事業の将来性」を挙げていることです。

確かに，リーマンショックやコロナ禍など 10 年に一度訪れるかどうかの大きな経済変化に対応することは多くの中小企業にとって大きな試練です。大企業に比べ体力的に劣り，十分な人材が揃っておらず，経営者は目の前の仕事や資金繰りに追われているのが現状だと思います。

図表 1-2〉消極的後継者候補が事業を継ぐことに前向きでない理由

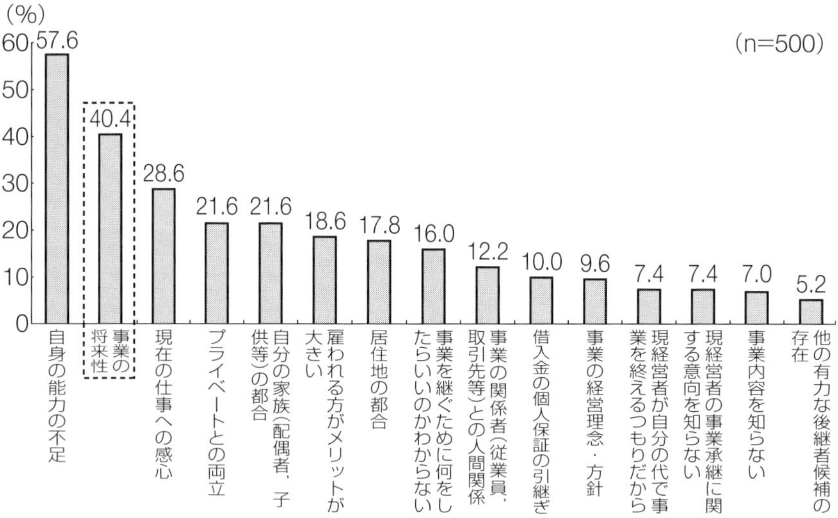

（注）1. 複数回答のため，合計は必ずしも100%にはならない。
　　　2. 「その他」の項目は表示していない。

(出典：三菱 UFJ リサーチ＆コンサルティング「中小企業・小規模事業者における経営者の参入に関する調査（2018 年 12 月」)

そのような中で「事業の将来」をゆっくりと考える時間はほとんどありません。しかし，経営者自身が，自社の将来像を描くことができなければ，後継者候補の親族や従業員などへ明るい未来の話をする機会は減っていくでしょう。結果として後継者も自社の事業の将来性がないと考えてしまうのではないでしょうか。

2　事業の将来性のカギ

事業の将来性は何をもって決まるのでしょうか。

それは会社が目指す方向が明確になっているか，事業の発展・繁栄への道のりが示されているかどうかにかかっています。「なくなる職業ランキング」に挙げられたような事業は，将来AIなどに代替されるかもしれません。しかし，だからといって事業に将来性がないということではなく，大切なことは，自社の現状の立ち位置を理解し，そして将来どこへ向かっていくのかを示すことです。そうすることで，社員の不安を取り除き，高い士気のもと，一丸となって将来を創っていける企業となっていきます。

事業の発展・繁栄を遂げるために大切なことは２つです。１つは成長拡大させること，もう１つは安定させることです。この２つを同時に実行してはじめて事業の発展が成し遂げられます。どちらか一方だけを成し遂げても事業の発展と繁栄は続きません。つまり，事業の将来性があるか否かは成長拡大と安定化が実践できるかどうかにかかっているのです。

1　事業の成長拡大とは

もしも自社のお客様の数が昨年も今年も変わらず100社であって，なおかつ売価や粗利益が同じであればどうなるでしょうか。全く変わらずということであれば，従業員の給与をアップさせることができません。もちろん代表者自身の給与も当然ながらアップさせることができません。

成長拡大とは次の４つを実行することです。

① お客様の数を増やす

② 数量を多く売る

③ 売価の高い商品や粗利益の高い商品を売る

④ ヒト，モノ，カネを成長に合わせる

これらの４つを実行することで事業を成長拡大することができ，事業の未来を描くことができるのです。

2 事業の安定とは

どんな事業でもお客様がいない事業はありえません。お客様に繰り返し，安定的に買っていただくことが事業の安定化です。売っているものが商品であっても，サービスであっても繰り返し買っていただくためには仕組みを作らなければなりません。今期は大量に売れたが，来期は見込みが全く無いというのでは事業を安定化させることはできません。

安定化とは次の３つを実行することです。

① 繰り返し購入される仕組みを作る

② 商品・サービスをライバルより磨く

③ お客様目線を実践する

図表 1-3 〉事業の発展・繁栄の方向性

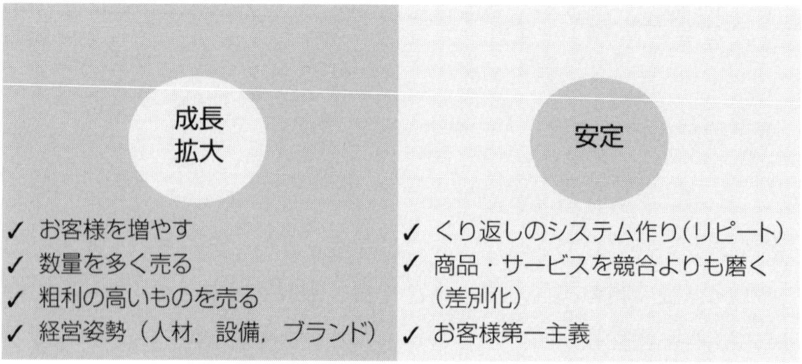

（出典：牟田学『社長業のすすめ方』産能大出版部（1991 年））

3　中小企業の事業承継を活性化させるために解決すべき課題

事業承継とは株式や代表権を渡すことが目的ではありません。事業承継の目的は，株式や代表権を譲り渡した後の，企業の存続，成長発展を遂げることです。中小企業の事業承継を活性化させるためには，経営者が自社の将来をどうするか，を描く必要があります。

自分が引退した後の未来を描いている経営者が「後継者がいないから」という理由で廃業するでしょうか？　企業の未来を描いた後継者が「自分の経営能力が乏しいから」という理由で承継を躊躇するでしょうか？　そんなことは決してないと思います。未来を描く経営者・後継者が簡単に企業存続を放棄するはずがありません。事業承継は企業存続の大切なバトンであり，その事業承継を活性化させるためには経営者に企業の存続と発展の未来を描いてもらう必要があるのです。

ではなぜ未来を描くことができないのでしょうか？　人口減で売上が減少するから？　少子高齢化で採用が難しくなるから？　個人保証が重荷になるから？　高い株価や相続税の負担の問題？　どれもあてはまるでしょうし，実際に多くの経営者と後継者がこれらの問題に頭を悩ませています。

しかし，これらの問題はどの企業にも当てはまる問題です。つまり，少子高齢化などが問題なのではなく，変化の激しい時代に，「自社がどう変化していけばいいかを思い描くことができない」ということに，経営者は頭を悩ませているのです。具体的な課題に落とし込むと，次の７つになりますが，この相談相手として一番身近な存在が顧問税理士なのです。

①　採用と定着化の問題
②　社員教育・人事評価の問題
③　長時間労働・生産性の低さ・仕事の属人化の問題
④　経営者の計数管理能力の問題
⑤　個人保証の問題
⑥　経営者・後継者の心構え
⑦　自社株式・相続の問題

会社の将来を描くことは経営者の仕事ですから，我々税理士ができることではありません。しかし，経営者が経営に関する知識や経営判断に必要な情報を全て持ち合わせているわけでもありません。知識や適切な情報を提供できるのは顧問税理士なのです。

誰よりも会社や経営者のことをよく知っているからこそできる問いかけがあるはずです。事業を承継し，発展・繁栄するにはアクセルとブレーキを上手に使いこなす必要があり，目的地までの的確なナビゲーションが求められます。この役割は，顧問税理士が適任であり，顧問税理士こそが果たすべき役割なのです。

4 7つの課題

1 採用と定着化の問題

労働人口の減少，働き方の多様化などにより中小企業における人材不足と採用難は年々強まっています。中小企業にとって採用がうまくいかない理由は，「労働条件」や「賃金」といわれていますが，特に採用の成否を分けるのは「採用の手段」や「ノウハウ」です。

中小企業は定期的に人材採用を行うとは限らないため，どのような手段を用いて，どのような人材を確保すべきかといった基本的な採用ノウハウを十分に持ち合わせていない場合が多いといえます。

採用を成功させるためには，求める人物像を明確にすること，自社のありのままを伝えることがポイントです。特に求める人物像を明確にすることは採用のミスマッチを防ぎ定着化させるための重要なポイントです。私たちアイユーコンサルティンググループでは，新卒採用において「やりきる力」「向上心」「対話力」「逆算思考」「貢献心」の５つの能力を求めています。能力の説明や行動の特性まで明記し，共通理解を図ります。これは全社員へ周知していますので，全社員が自社の求める能力を理解しているということです。

採用ルートについては，マイナビやリクナビ，ハローワークなどの求人媒体，人材紹介会社を活用するのが一般的ですが，最近では「リファラル採用」が注目されています。

リファラル採用とは，自社の社員から紹介をしてもらい採用を行うというものです。社員からの紹介ですので自社の経営理念，社風に共感した人が集まりやすく，また業務内容もよく理解した上で採用できるのでミスマッチを防ぐことができます。アイユーコンサルティンググループでもリファラル採用による従業員は十数名おりますが，ミスマッチがなく定着率は100％です。

日本の将来には，超高齢化と人口減少が待ち構えています。総務省によると2050年に日本の人口は約1億人まで減少する見込みであるといわれています。また2022年8月現在での生産年齢人口（15歳～64歳）は7,426万人ですが，2050年には約5,000万人になると推測されています。つまり，今後30年で約2,500万人の労働力が減少する見込みであるということです。これは東京，千葉，埼玉の人口が一人もいなくなるのと同じことなのです。

2　社員教育，人事評価の問題

経済産業省が2017年に発表した「中小企業の経営人材の育成に関する実態調査」によると，約60％が「人材の確保・定着・育成」が課題だとしています。人材育成が課題だと認識しつつも多くの中小企業は，まだ「背中を見て盗み，学べ」の教育スタイルではないでしょうか。

指導するための時間や人材がいない，育成ノウハウがないことが主な原因と考えられますが，企業の成長に人材育成は避けては通れません。同時に，教育を受けた従業員にはどのようにステップアップしていけるのかも示す必要があります。社員教育と人事評価はどちらか一方だけあればよいというものではなく相互に結びついたものでなければなりません。

従業員からの「どうすれば昇給できるのか」，「どうすれば昇進できるのか」という質問に，経営者は答えることができなければいけません。答えがもらえないと，その従業員は，家族構成をどうするか，10年後は子供が進学するから年収800万稼げるようになりたいといった，自分の未来を描くことができません。結果として，この企業に未来はないと感じてしまいます。

3 長時間労働，生産性の低さ，仕事の属人化の問題

2020年4月から中小企業でも，長時間労働の上限規制，年5日以上の有給休暇取得義務などの働き方改革が実施されています。また2023年4月からは60時間超の残業代引き上げも実施されます。労働者の働き過ぎを防ぐため，時間外労働を原則月45時間かつ年360時間以内とし，週5日の常勤勤務などに対して年5日の有給休暇を取得させることを義務化しました。

長時間労働を是正しながらも，有給休暇を年5日以上取得させるには相当な努力が必要です。抜本的に仕事のやり方を見直す必要もあるでしょう。例えば，従業員が10人の企業で有給休暇を年間5日取らせるとすると，400時間（=10人×5日×8時間）の仕事を見直す必要があります。400時間というのは1日8時間，週5日勤務の人が約2か月いないのと同じ状態です。

そもそも長時間労働，有給休暇が取得できないのは人手不足だけが問題ではありません。仕事の属人化も大きな課題です。これは，特定の担当者しかわからない業務があることで，その担当者が長時間労働になり，有給休暇の取得もできないというものです。そのままでは，担当者が退職した場合や病気になった場合，業務がストップして，お客様へ迷惑をかけてしまいますし，業務手順も標準化されていないため品質にもバラつきが生じてしまいます。

いきなり完璧なマニュアルを作る必要はありません。業務リストや役割分担はどうなっていますか？　一緒に整理してみませんか？　この問いかけを顧問先に投げかけて現状を把握することが第一歩になります。

4 経営者の計数管理能力の問題

どんな経済環境であっても優れた業績を上げている企業，もしくは危機的状況を最小限の損失で乗り切る企業に共通していることは，経営者が数字に強いということです。数字を専門に扱う税理士以上に，数字に対して強く，敏感で，こだわりを持っています。

一方で，業績がよくない企業に共通することは，数字に苦手意識を持っていることです。「社員を採用する」「ボーナスを払う」「設備投資をする」など

の支出を伴う経営判断をする際に，いくらまでならOKなのかという判断基準や根拠が明確になっていないことが多いと感じます。

また，利益とお金の関係を理解していない企業も同様です。例えば，年間600万円を返済をするのに利益がどれだけ必要かという場合に，単純に600万円の利益を出せばいいわけではありません。当然，法人税等の支払があるので税引後利益で600万円，つまり，約910万円（＝600÷(1-34 %)）の税引前利益を上げないといけません。借入の返済をするためには税金の支払を考慮すると返済額の約1.5倍の利益を出さないといけないことになります[1]。

このような話をすると，とても驚く経営者がいます。そして，この後に，なぜ借入の返済でお金が出ていくのに経費にならないのか？　という質問がでてきます。つまり，利益とお金の関係をしっかりと理解できていないのです。「借入金の返済は経費になりません。負債の減少だから経費ではありませんよ」と説明してもなかなか理解してもらえず「利益に減価償却を足し戻したものが簡易キャッシュフローですよ」という説明をしてもよくわからない様子です。ちなみに，そのような時は「3,000万円借り入れたときに，その3,000万円には税金がかからなかったでしょう？　だから返済しても経費にはならないのです」と伝えるようにしています。経験上この説明で借入の返済が経費にならないということを理解してくれなかった経営者はいませんので，感覚的に一番理解してもらえる伝え方だと思います。

事業承継の場面で，経営者が企業の財政状態，収益力を数字で伝えることができるということはとても重要なことです。これは経営者から後継者に伝えることに意味があり，顧問税理士が伝えることとは意味合いが異なってきます。経営者が肌で感じ取ってきたリアルな数字はとても強いメッセージとして後継者に届きます。

経営者が後継者に対して，資金繰りのことは心配せずに安心して事業を引き継いでいいのだとはっきりと伝え，事業を引き継ぐことに対して不安材料がないことを納得してもらわなければいけません。不安を隠そうとしても，従業員や取引先はなんとなく感じ取ってしまい，その不安は伝染してしまう

1　減価償却費はゼロとしています。

からです。

では，経営者に数字に強くなってもらうにはどうすればよいでしょうか。それは，利益とお金の関係を理解するために，会社のお金の流れを見えるようにすることです。

経営者や後継者が，どのステージにいるのかによって課題は異なってきますので，それに合わせて以下のようにサポートします。

(1) 基礎知識がない

そもそも会社のお金の入金と出金の全体像や仕組みが理解できていない状態です。おすすめのWebセミナーなどで学んでもらうことや試算表の説明を毎月行うことで知識を習得してもらいます。

(2) 自社の現状の収支把握ができていない

自社の現状が把握できていないから，黒字でも赤字でも，どのような状況かがわからず，常に不安がある状態です。主要な取引先，仕入先の入出金サイト，資金繰りの管理方法，予算管理だけではなく，業界内での位置づけ，自社の強み弱み，商流図やセグメントなど現状分析を一緒行うことで現状把握してもらいます。

(3) 自社の数か月先の収支がわからない

将来のお金が，いつ，いくら不足するのか，いくら残っているのかが不明確で，どのような対策をすべきかがわからない状態です。資金繰り計画の策定，単年度計画の策定をサポートして，予実対比を行います。計画はグッドケース，バッドケースの両方を作成することで不測の事態に臨機応変に対応できるようにすることがポイントです。

(4) お金の使い方の基準や根拠がない

「社員を採用する」「ボーナスを払う」「設備投資をする」「広告を打つ」など支出を伴う経営判断をする際に，いくらまでならOKなのかについて根拠や基準がなく，そのため「使っていいか否か？」「使うとしたら，タイミングや支払方法はどうすればいいか？」の判断がつかず不安である状態です。

自己資本比率40％以上，売上高経常利益率10％以上など自社の理想の状態と現状のギャップが把握できていないことが原因で不安が生じていますので，現状分析と理想像を明確にします。

(5)　中長期計画と収支計画が結びついていない

中長期のビジョンに沿って経営活動した結果，お金はいくら出入りするのか，どの活動でいついくら資金が必要なのかがわからない状態です。自社で中期計画，キャッシュフロー計画も作成できたとしても，それが合っているのか不安であるといったこともありますので，顧問税理士が検証することも必要になります。

5　個人保証の問題

経営者の個人保証とは，中小企業が金融機関から融資を受ける際に経営者個人が会社の連帯保証人となることです。

事業をさらに成長させるための設備投資や運転資金の確保など，事業が一定規模以上に大きくなれば，必要となる事業資金を自己資金のみで調達することは難しくなるため，多くの企業が金融機関から融資を受けています。その際，金融機関から，経営者個人が連帯保証人となるよう求められます。返済が滞った場合に，経営者の土地や建物，生命保険などの財産を処分して返済に充てられるようにするためです。

個人保証は，資金調達を円滑にする一方で，経営者保証というリスクによって，思い切った事業拡大を阻害する傾向があります。また，保証後に企業が窮地に陥った場合における早期の事業再生を阻害する要因となっています。

事業承継においても，経営者保証を理由として後継者が承継を拒否するケースがあります。さすがにどんなに好調な会社であっても自社従業員が後継者として会社を引き継ぐ際に，明日から10億円の借金の保証人になってください，となれば思いとどまるのは自然なことだと思います。

しかし，このような問題を解決するため，2014年2月から「経営者保証に関するガイドライン」の運用が開始されました。

経営者保証に関するガイドラインは，経営者の個人保証について，以下の要件を定めることにより，経営者保証の弊害を解消し，経営者による思い切った事業展開や，早期事業再生などを支援するものです。

① 法人と個人が明確に分離されている場合などに，経営者の個人保証を求めないこと

② 多額の個人保証を行っていても，早期に事業再生や廃業を決断した際に一定の生活費等（従来の自由財産99万円に加え，年齢等に応じて約100〜360万円）を残すことや，「華美でない」自宅に住み続けられることなどを検討すること

③ 保証債務の履行時に返済しきれない債務残額は原則として免除すること

また，個人保証が事業承継の阻害要因とならないよう，経営者と後継者双方からの二重徴収を行わないことなどが盛り込まれた経営者保証ガイドラインを補完するものとして「特則」も，2019年12月に策定されました。

そして，2022年12月に経営者保証に依存しない融資慣行の確立をさらに加速させるため経営者保証改革プログラムが始動しました。これまでも経営者保証ガイドラインの活用促進等の取組みが進められてきましたが，このガイドラインを継続した上でのプログラムです。

① スタートアップ・創業

② 民間金融機関による融資

③ 信用保証付融資

④ 中小企業のガバナンス

の4分野に重点的に取り組むこととし，スタートアップから5年以内が特に手厚くなっています。経営者保証ガイドラインの要件の全てを充足していない場合でも，保証料の上乗せ，流動資産担保などの手法で経営者保証を外せる制度が創設されるなど2023年に本格稼働する予定です。

6 経営者・後継者の心構え

事業承継の現場でよくみるケースが，後継者が決まっていて，なおかつ後継者には経営者としての自覚もあるにもかかわらず，なかなか事業承継が進まないというものです。バトンタッチした後のことは後継者に任せると口では簡単に言えますが，どうしても気になることが多いようです。

後継者は，これから何十年と会社と従業員の生活を守っていかないといけない立場にありますので「会社を大きくしたい」「業績アップをしたい」という想いが強くあります。より成果を上げたいと思うのは当然です。少子高齢化，人口減少，残業規制や副業，リモートワーク・テレワーク，オンライン会議，AIやRPAなど，外部環境は大きく変化していく中で，今までどおりのやり方では通用しない，創業者と同じやり方では変化に対応できない，そう感じている後継者はとても多くいます。

彼らからは，新しいことにチャレンジして成功させなければという強い想いが感じられます。また，先代経営者である親，従業員，取引先などからも認められたいという承認欲求があるように思います。

一方で，先代経営者としては，「今ある事業を承継しやすいようにと，社内の組織体制，取引先や金融機関との関係構築をベストな状態に整えバトンタッチした。この事業を上手にやっていけば当然経営者として満足のいく評価を周りはしてくれる。もちろん，先代経営者として上手に承継しましたね，といってもらえる。そう思っていた矢先に，なぜか目の前の大切な主力事業には目もくれず，別のことを始めた，もっというと，後継者が暴走をしはじめた」そんな風に映ることもあるようです。そうすると，このままでは会社の業績は傾いてしまうから，もう一度頑張らなければという意識が芽生えてくるようです。

高齢化が進む日本社会では，やる気に満ち溢れ，身体も元気な体力ある経営者が多くいます。先代経営者としては24時間365日，会社の経営と向き合ってきました。その想いは相当強く，もしかすると自分の居場所を失うことへの寂しさもあるのかもしれません。

お互いが自社のことを真剣に考えていることには違いがありませんが，すれ違いが起こってしまうことが往々にしてあります。

先代経営者と後継者では経験も年齢も，考え方も，ビジネス環境も何もかもが異なります。後継者が先代と同じように経営することは絶対にできませんし，むしろ同じように経営することを促してはいけません。後継者が自ら考え行動し，経営者として会社を成長できる存在になれるように導いてあげることが大切なことです。一方で，後継者は，経営者から自分の人生を賭けた会社を承継するということを十分に理解し，経営者への尊敬の念を忘れてはいけません。

7 自社株式・相続の問題

事業承継で経営者，後継者を最も悩ませる課題は「自社株式の承継」でしょう。中小企業の多くは同族会社で，代表取締役＝大株主です。中小企業ではあまり意識されることがないですが，会社は代表取締役のものではなく株主のものです。株主の過半数の賛成があれば代表取締役は解任されます。つまり，後継者が大半の株式を保有していない状態であれば，後継者は代表取締役を解任させられるおそれがありますし，会社の重要な決議を行うことができません。中小企業にとって事業承継は，シンプルに言えば「後継者に株式を渡すこと」といえるかもしれません。経営者を退任するときに代表権と株式を一緒に渡すということが重要なポイントです。

では，自社株式を後継者へ渡す上で留意すべきことは何でしょうか。

(1) 経営権対策

事業承継とは，端的に言えば「後継者に株式を渡すこと」ですが，当然に株式だけを承継させればよいというわけではありません。「ヒト」「モノ」「カネ」の全てを後継者へと承継していかなければなりません。

❶ ヒト

経営者という立場を承継することを意味します。また，従業員からの信頼や取引先・金融機関との関係性など，人脈や人望も重要な要素です。

❷ モノ

自社株式を承継することを意味します。取締役の解任，選任などの普通決議には議決権の50％超が必要となります。定款の変更や組織再編，事業譲渡などについては特別決議が必要であり，３分の２以上の議決権が必要となります。このため，後継者が会社を支配するためには最低でも50％超，できる限り３分の２以上の議決権を保有するべきです。

また，中小企業の場合，本社や工場の土地建物が経営者の所有となっているケースもあります。これらも株式と並んで承継しなければならない重要なモノです。もし事業に携わっていない後継者の兄弟が工場の土地を相続して高額な金額で買取要求してきたり，高額な賃料を請求してくる場合は経営に支障が生じます。

❸ カネ

納税資金や借入などの事業資金を意味します。株式や不動産などの事業用資産を引き継ぐには相続税や贈与税などの納税が生じます。また，中小企業が金融機関から融資を受ける際には一般的に担保提供を行いますので個人保証も引き継ぐ必要があります。安定したキャッシュを確保することは中小企業にとってとても大切なことです。

(2)　株価・相続税の対策

非上場株式の評価は，株主の構成，会社の業績，保有資産の内容等により大きく異なります。株価が下がったタイミングを見逃さずに株式を承継することで無駄な税金を払わずに承継することができます。

図表1-4　株価が下がるタイミング

【会社の業績面】

- 役員退職金の支給により特別損失が出た
- 含み損のある不動産や株式の譲渡により特別損失が出た
- 新規事業がまだ軌道に乗っていないので業績が悪化した

【保有資産面】

- 建物の建築（建築から３年経過後）
- 不動産の購入（購入から３年経過後）

(3) 納税資金対策，後継者以外の相続人への資金確保

生命保険を活用した場合，次のような効果が期待できます。

図表 1-5 生命保険のメリット

項目	内容
争族対策	被保険者を経営者，保険金受取人を後継者とすることで，後継者に代償分割の資金を確保させ，後継者以外の相続人へ代償金の支払ができます。
非課税枠の活用	相続税の生命保険の非課税枠の活用です。500 万円×法定相続人の数が非課税限度額となります。
納税資金対策	被保険者を経営者，保険金受取人を後継者とすることで，相続税の納税資金確保ができます。

また，法人が保険料負担者及び保険受取人となり，経営者を被保険者とすることで，相続開始時に相続人である後継者に死亡退職金，弔慰金を支払うことでも納税資金を確保できます。死亡退職金にも500万円×法定相続人の数が非課税限度額として設けられており，また弔慰金も一定額までは相続税の課税対象とはなりません。

金庫株の特例[2]を活用することでも納税資金を確保することができます。原則として自社株式を発行会社へ譲渡すると，みなし配当として総合課税の対象となり最高で55％[3]の税率が課されます。納税資金確保のために自社株式を譲渡しても手残金が少なくなってしまいます。そこで，金庫株の特例を活用し相続開始後3年10か月以内に相続した株式を発行会社へ譲渡することにより総合課税ではなく譲渡所得課税（所得税15.315％[4]，住民税5％）として取り扱われ，結果として手残金が多くなります。また，相続税額を取得費に加算する特例もあるため譲渡所得税はさらに少なくなる場合もあります。

---

2 相続により取得した非上場株式を発行会社に譲渡した場合の課税の特例。
3 配当控除も計算。
4 復興特別所得税率込みの税率。

(4)　遺留分対策

相続人である後継者に対して，遺言で自社株式や事業用資産を集中的に相続させたり，生前に贈与したり，不当に安い価額で譲渡を行うと，後継者以外の相続人の遺留分を侵害する場合があります。

遺留分とは最低限の相続分を保証するための制度です。遺留分は全ての相続人に認められるわけではなく，相続人のうち配偶者，子，直系尊属にのみ認められ，被相続人の兄弟姉妹には遺留分はありません。

遺留分侵害額請求をされた場合，後継者は侵害額に相当する金銭の支払を行わなければなりません。そのため，遺言書を作成する場合には，後継者を除く相続人の遺留分に配慮しつつ，相続人である後継者に自社株式や事業用資産を相続させる遺言書を残す，ということに注意しなければなりません。また，事業承継における遺言書は法的な不備で失敗が許されませんので，「公正証書遺言」にすることをおすすめします。

中小企業における事業承継の遺留分対策では，経営承継円滑化法における「除外合意」と「固定合意」も押さえておくべきです。経営承継円滑化法では，先代経営者が後継者に贈与した株式について「除外合意」と「固定合意」が認められています。

除外合意とは，先代経営者と推定相続人と後継者の全員で，先代経営者が後継者に贈与した株式について，遺留分算定の基礎財産から除外する合意をすることをいいます。

固定合意とは，先代経営者と推定相続人と後継者の全員で，先代経営者が後継者に贈与した株式について，遺留分算定の基礎財産に算入する価額を合意時の価額に固定することをいいます。

除外合意ができれば，後継者以外の相続人は，後継者が贈与を受けた株式の価額について将来遺留分を主張できなくなります。また，固定合意ができれば，贈与を受けた株式の価額が固定化されるので，後継者が頑張って株価を上昇させても遺留分侵害額請求の価額には影響がありません。もし，除外合意や固定合意されていない状況で侵害額請求されると，後継者が頑張れば頑張るほど，その経営努力が皮肉にも遺留分侵害額を増大させる結果となるのです。なぜかというと，遺留分の算定基礎となる価額は，「株式の贈与時」

ではなく「相続開始時点での価額」が基準となるためです。

事業承継とは企業の存続，成長発展を遂げるために代表権や株式（議決権）を後継者へ譲ることです。ただ単に，代表権や株式（議決権）を譲るだけでは事業承継とはいえません。事業承継を進めるためにはここまで述べた解決すべき７つの課題があります。今日明日で解決できるような簡単な課題ではありませんが，これらの課題を解決することでミライを描けるようになり事業承継が進んでいくのです。

しかしながら，経営者は自社の何もかもを知っているわけではありません。経営者は自社のことを深く理解している顧問税理士に対して，これらの課題解決のアドバイスを求め，ミライを描くサポートを期待しています。間違いなく事業承継の適任者は，顧問先と二人三脚で企業の成長発展を支えている顧問税理士です。その顧問税理士が，事業承継とは「代表権や株式（議決権）を譲ること」と短絡的に考えてはいけません。事業承継とは何か，その本質を次節でお伝えいたします。

5　事業承継の本質

大廃業時代を迎える中小企業等において，課題解決のパートナーとして顧問税理士が適任であることは上述のとおりです。一方で，事業承継の支援者たる我々税理士が，その本質を見誤っていたら元も子もない話となります。正しい本質を理解してこそ，正しい支援ができるのです。本節では，アイユーコンサルティンググループが提唱する事業承継の本質について，お話します。

1　事業承継の本質は「企業の存続」に他ならない

事業承継と聞くと皆さんは何を思い浮かべますか？　後継者に代表権を譲ること，自社株式を後継者に譲り渡すこと，自社株式の評価額を下げること，オーナー一族の相続税対策をすること，パッと頭に思い浮かぶのはこんなところでしょうか。どれも正解だと思います。そのどれもが，円滑な事業承継を遂行するためには必要な要素です。

ただし，これらは事業承継を達成するための一要素に過ぎず，その本質ではありません。事業承継の本質は間違いなく「企業の存続」です。企業の存続を成すために，後継者の発掘・育成，自社株式の評価の引き下げや譲り渡しが必要であり，両者には目的と手段の関係性が成り立ちます。

しかしながら，経営者や我々税理士を含む専門家の中でも，「事業承継とは自社株式の評価を下げて後継者に譲り渡すこと」と認知されていることが非常に多いように感じます。ある意味で「勘違い」ともとれるこの認識は，事業承継の本質と逆行してしまう可能性が潜んでいる危険な認識です。自社株式の評価を下げる対策の多くは，自社の財務体質を毀損させる投資をするものや，極端に利益を圧縮するものが多く存在します。その結果，株価は下がりますが，資金繰りが大幅に悪化して企業の存続が難しくなるという，本末転倒な結果を生んでしまうケースが往々にしてあります。

自社株式の評価引き下げ対策が悪ということではありません。適度に，自然な形での対策は必要ですが，優先順位の一番に自社株式の評価引き下げ対策が来ることは本質ではないという理解が必要です。

事業承継とは，企業の存続を支える「成長」と「承継」のサイクルの片輪です。加えて，一般的には一世代に一回きり，やり直しの利かない経営者の最後の仕事です。そして，経営者の一番身近にいる専門家たる税理士は，その本質を絶対に見誤るわけにはいかないのです。税理士の一言にはお客様の人生を左右する力があることを強く認識し，事業承継の本質を正しく理解することが求められます。

2　事業承継は経営戦略（相続で片づけてはいけない）

多くの経営者にとって，事業承継と向き合うことは面白いものではありません。事業承継は，「コストがかかる」「時間もかかる」「エネルギーも多分に求められる」にも関わらず企業価値は１円も上がらないのです。ましてや，自身が人生を投じて築いてきた会社を離れる話であり，自身の死後の話をするわけですから面白いはずがありません。必要なことと認識していても，事業承継から目を背け，生前に対策をしていない中小企業も一定数存在します。

しかしながら，事業承継を相続で片づけてはいけません。事業承継とは，企業の存続を図るための経営戦略そのものであり，円滑な事業承継ができないと企業の存続を脅かす様々な課題が生じます。例えば，経営者が急逝したら後継者問題はどうなるでしょうか。後継者を指名していなければ，誰を経営者に立てるかを決める必要があります。

社内で複数人の立候補者がいる場合，経営者の椅子をめぐってトラブルに発展する可能性もありえます。また，後継者候補を指名していた場合においても，その人物が経営者に足る能力を備えているかが問題となります。従業員や取引先が認める才覚や能力がない限り，裸の王様になってしまいます。また，後継者候補があり，かつ経営者として従業員や取引先から認められている場合においても，その人物が承諾するかどうかも大事なポイントです。

経営をするには多大なる覚悟を要します。会社が抱える借金を背負い，自社を支えてくれる従業員及びその家族の人生を担っていかなければなりません。生半可な覚悟ではできません。何ら準備がない状態で「明日から経営者をやる」と決断できる人は多くはないでしょう。

一方で，経営者も家に帰れば父であり母ですので，相続とは表裏一体の関係にあります。ゆえに，相続問題が経営を脅かす事態も考えられるのです。後継者が子供であれば，相続税の納税資金や共同相続人への相続財産の確保が必要となりますし，相続人が会社へ関与していない場合においても納税資金の確保のために，自社株式をM&Aせざるをえない状況も想定できます。

さらに，事業承継の準備をしていないということは，自社株式の評価引下げ対策も講じていないということです。相続は突発的な事象ですから，その時期をコントロールすることはできません。自社が過去最高利益をたたき出し，株価も最高額で算出されたときに相続を迎えるということも往々にして考えられるのです。

そのしわ寄せは，全て後継者にのしかかります。後継者のキャッシュの原資は自社からの給与です。後継者が親族であれば自社株式の承継にかかる高額な相続税の支払，従業員であればオーナー一族からの自社株式の買取り資金が求められますが，それらのキャッシュは自社から調達するしかないのです。いずれにせよ，自社からすれば想定外の資金負担が求められ，資金繰りが急激に悪化することは避けられないでしょう。

6　事業承継対策の４本柱

円滑な事業承継の遂行には様々な課題が存在し，それらを解決する必要があります。事業承継をする上での課題については，中小企業庁財務課「事業承継に関する現状と課題（平成28年4月26日）」でも整理されていますが，私たちアイユーコンサルティンググループが提唱する事業承継対策の４本柱は，それを網羅的にカバーしています。

４本柱とは「財務」「後継者」「自社株」「相続」で構成されています。事業承継対策は，これら全てをバランス良く検討・実施すべきものであり，一つは完璧，一つは無対策というものであってはいけません。円滑な事業承継のポイントは「徹底した守り」であり，すなわち経営リスクの排除です。もう一つ大切なことは，「経営者の想いを形にする」ことです。

当たり前ですが，大半の経営者は事業承継に明るくありません。我々税理士が持つ知識やノウハウがきらびやかに映るでしょう。株価引下げ効果や相続税の節税額に魅了されるでしょう。だからこそ決して，知識先行の対策提案をしてはいけないのです。責任のとれない提案で，企業の存続を脅かすことは絶対に避けなければならないのです。自社株式の引下げや相続税対策は事業承継の一要素に過ぎず，目的ではないことを強く念押しした上で，以下において，これらの項目について詳細にご説明します。

図表 1-6 〉企業存続のサイクル

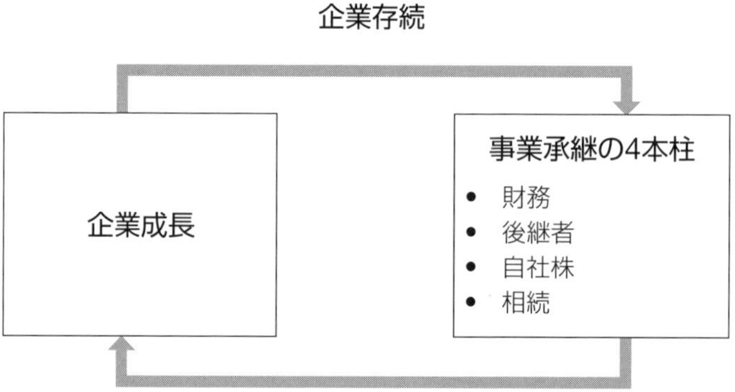

企業存続は企業成長と事業承継のサイクルによってのみ成り立つ

図表 1-7 〉事業承継をする上での課題

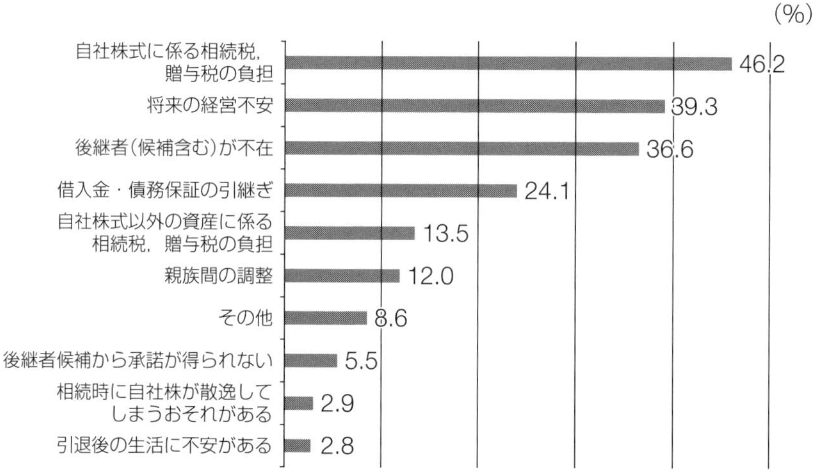

（出典：「中小企業における事業承継に関するアンケート・ヒアリング調査」帝国データバンク（2016 年 2 月）一部加工）

1 財務

盤石な財務基盤，それこそが企業の存続に最も必要な要素であると考えます。企業の財務体質が盤石でないと日々の営業活動はもちろんのこと，事業承継にまで大きな影響を及ぼします。

(1)　継ぎたい会社に

事業承継後，後継者は個人保証を求められます。財務体質が弱い会社は，いかに収益力が高かろうが，過度な投資や節税等により自己資本比率が低く，負債比率が高い傾向にあります。後継者にとって，先代がこしらえた借金の個人保証は大きな負担となります。「経営者保証に関するガイドライン」の運用をもってしても，全ての借入に関する個人保証を外すことは相当に難しいでしょう。ましてや，節税等を目的とした事業とは無関係の借金であればなおさらです。

個人保証を拒む後継者の心情は理解できます。後継者が継ぎたいと思う会社にするためにも，過度な節税等は控え，自己資本を積み上げることが重要です。

(2)　事業承継にはコストがかかる

事業承継に関するコストの側面からも，対策の４本柱の中で，財務は一番重要な要素です。自社株式の承継及び相続においては，後継者が多額の資金負担を強いられるケースも少なくありません。

では，後継者はその資金をどこから調達するのでしょうか。後継者の資金原資は，自社からの給与です。先代経営者が保有する自社株式の承継コスト，少数株主からの集約コスト，相続税の納税資金，遺留分対策用の資金それら全てを自社から調達するしかないのです。つまり，自社の財務基盤が盤石であり，かつ，自社のキャッシュが潤沢でないと，事業承継に支障をきたす可能性があります。

2　後継者

後継者については「存在」と「能力」の観点から考えることが大切です。

(1)　存在

事業承継は，後継者がいないと成り立ちませんが，現状日本の多くの企業では，未曾有の後継者不足を迎えています。しかし，事業承継は多様化の時代を迎えており，親族内承継にこだわる時代ではなくなっています。親族内に適当な後継者がいないのであれば，役員や従業員に会社を継いでもらう企業内承継がありますし，まだまだ主流とはいえませんが，M&A も活発化しています。

経営者がすべきこと，しなければならないことは，現状を受け入れて決断することです。どの形であれ，事業承継できなければ会社の存続は絶たれます。後継者を決定し，会社の存続を図れるのは経営者ただ一人なのです。

(2) 能力

後継者が決定している場合，その人物が経営者に足る能力を備えているかどうかは，今後の会社運営における重要な要素です。経営者には，リーダーシップ・論理的思考力・戦略性・先見性・財務知識など多くの資質が求められます。従業員や取引先が認める才覚や能力がない限り，企業運営はできません。しかし，生まれ持ってして優秀な経営者は存在しません。これらの能力は後天的なものであり，大切なことは，後継者教育を真摯に行うことです。

また，後継者を検討する際には，後継者の右腕左腕になりうる人財も併せて検討することを推奨します。事業承継の現場では，現経営者には頼れる経営幹部がいるものの，その経営幹部の後任は全く考えていないという中小企業が非常に多いのです。いかに優秀な経営者といえども，一人の人間であり，一人でできることには限界があります。右腕左腕と呼ばれる経営幹部がいてこそ，その手腕を発揮できるものです。そして，後継者同様に何の準備もなく経営幹部の役回りをこなせる人間はいないのですから，経営者及び経営幹部による教育期間が必須です。

3 自社株

自社株式の承継というと，先代経営者及び親族が保有する株式の承継にばかり着目しがちですが，昨今では少数株主にも注意が必要です。ここでは，「集約」と「株価」の観点から説明します。

(1)　集約（少数株主リスク）

はじめに断言しますが，自社株は経営者が100％所有すべきです。なぜなら，少数株主は経営を脅かす存在になりえるからです。もしも株主名簿を確認して株主が複数いたら，早急に株主の一本化を提案することを強くお勧めします。

株主名簿を確認すると会社経営には関与していない兄弟や親族，さらには既に退職している従業員などの第三者までもが名前を連ねていることも少なくないのが実態です。株主としての認識があるケースもあれば，名義株[5]のケースも多く散見されます。株主が分散してしまう理由をまとめると，次のようになります。

❶　旧商法による名義株問題

平成2年以前は，旧商法によって会社設立のためには7人の発起人が必要とされていました。7人の人員を確保することは簡単ではないので，「お金は私が出しますから，株主としての名義を貸してください」といった具合に出資を募った結果，名義株が生じることとなります。名義株は特に古い会社を取り巻く課題といえるでしょう。

❷　相続税対策の一環としての暦年贈与

株式には，「議決権」「配当請求権」「残余財産分配請求権」の3つの権利が存在します。中でも一番重要な権利は経営権たる議決権ですが，重要事項を決定するために必要な3分の2超の議決権割合を保有していれば安心だと考えている方も多くいます。そのため，後継者には3分の2超の議決権割合を確保できる自社株を承継させて，残りは相続税対策のために他の親族や従業員等に分散しておこうという考えに至ります。暦年贈与のコツは「長年かけて複数人に」がセオリーですから，株式を分散させてしまうのです。

❸　少数株主が相続を迎えることによるさらなる株式分散

名義株主や暦年贈与により株式を受け取った株主に相続が発生するとどうなるでしょうか？　まず，名義株主に関しては，自身が株式を所有して

5　株主名簿に記載されている株主とその株式の実質的な所有者とが一致していない株式のこと。

いるという自覚がないのが一般的ですから，遺産分割協議の土台にのってきません。会社側としても，名義株主に相続が発生していることは認識しているものの，株主名簿はそのままというケースも往々にしてあります。つまり，名義株主の相続人が所有しているわけでもなく，真の所有者に帰属しているわけでもないため，宙に浮いている状態となってしまっています。

名義株の解消をするためには面識のない相続人との交渉が必要となり，協力を得られない場合には買いとらざるをえない可能性もあります。また，稀ではありますが名義株主の相続人から「遺産の中に株式がある」と主張されるケースもあります。この場合に会社側として名義株の立証ができなければ，株式の買取りを要求される可能性は高いといえます。いずれにせよ，名義株主及び真の所有者の両者が健在のうちに，名義株は早期解消すべきです。また，名義株以外の少数株主に相続が発生する場合には，その株主の相続人に株式が相続されることになりますので，さらなる株式の分散につながります。兄弟や従姉妹のこども，退職した従業員や役員のこどもなど全く面識のない株主が存在することとなります。

上記のような理由から株式は分散してしまうわけですが，なぜ少数株主がいると会社経営上支障をきたしてしまうのでしょうか？　1株でも保有していれば株主代表訴訟提起権がありますし，議決権比率３％以上を保有することで会計帳簿の閲覧が可能です。もちろん，これらの権利も排除したいと考える経営者もいるかもしれませんが，脅威とまではいえません。会社経営において，1番の脅威となりえるのは，「株式の譲渡承認請求に伴う株式買取請求」です。

多くの中小企業は，定款において株式の譲渡に制限をかける，いわゆる譲渡制限株式の設計をしています。ゆえに，株主が譲渡制限株式を譲渡する場合には，当該株主又は株式の取得者は一定事項を明らかにし，その譲渡の承認を会社に求め（会社136，137），会社側は株主総会決議（取締役会設置会社では，取締役会の承認）において，承認の可否を決定します（会社139，416）。

会社側としては，その譲渡先が望ましくない者である場合には当然に承認しないこととなり，その旨を譲渡承認請求日から２週間以内に請求者に通知します[6]。

ここで終われば株式譲渡が成立しなかっただけで終わりますが，厄介なのは「株式の譲渡承認請求に伴う株式買取請求」が付されているケースです。これは，「譲渡制限株式の譲渡を承認しない場合には，自社で買い取るか買取人を指定してください」というもので（会社 138），この請求がある場合，会社側は株主総会決議（取締役会設置会社では，取締役会の承認）の日から40日以内に，請求人に対して買い取る旨や買い取る株式の数等を通知しなければなりません（会社 141，142，145）。なお，期日内に通知をしない場合には，譲渡を承認したものとみなされます（会社 145）。

さて，問題はこれからです。この後には売買価格を決定する協議が必要です。請求人は高く売りたいですが，自社及び経営者は可能な限り安く買いたいはずです。売買価格の決定は原則お互いの協議（会社 144）によりますが，果たして折り合いがつくでしょうか？　恐らく，そうでないケースが大半でしょう。対象株式の売買価格について協議が整わない場合には，請求人又は買取人は，会社法 141 条及び 142 条における通知があった日から 20 日以内に，裁判所に対し売買価格の決定の申立てをすることが可能で，請求人はそのように手続を段取るでしょう。なぜなら，裁判所が決定する売買価格は，一般的に買取人が提示する価格よりはるかに高額であることが多いからです。裁判所が採用する価格決定に関するプロセスの詳細は割愛しますが，一般的には，収益還元法・時価純資産法・配当還元法[7]などの評価方法をもって，株主の立場に応じた加重平均を用いて折衷法にて算定します。大半のケースでは，税法で規定する配当還元による評価額より高額であることはもちろん，原則的評価額よりも高額となることが多いといえます。上記のフローを整理すると次の図のとおりです。

6　なお，期日内に承認しない旨の通知をしない場合には，譲渡を承認したものとみなされますので注意が必要です（会社 145）。

7　財産評価基本通達に規定する配当還元方式とは異なり，同業他社との比較等に基づく本来の配当性向を用いて評価することが多い。

図表 1-8 〉譲渡制限株式についての株主等の譲渡承認手続

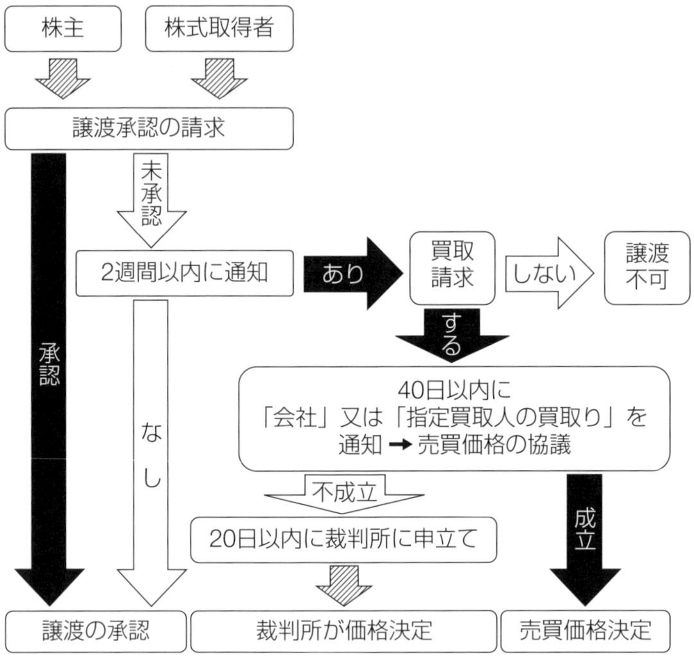

裁判所の決定価格をもって，自社株式を強制買取せざるをえなくなる中小企業はどうなるでしょうか？　数千万円単位，もしかしたら億単位の予期しない突発的なキャッシュアウトが生じるかもしれません。保有キャッシュから支払うにせよ，金融機関から資金調達するにせよ，企業の資金繰りは劇的に悪化し，最悪の場合廃業せざるを得ない状況に追い込まれるかもしれません。

「株式の譲渡承認請求に伴う株式買取請求」は会社法に規定する株主の権利であり，裁判所はいわゆる「公正な価格決定」を行います。つまり，適切なフローをもって手続を行われると，自社株式の高額強制買取の回避はできません。ですから，盤石な企業経営のためには，株式分散はご法度であり，既に分散しているのであれば可能な限り早急に集約することをお勧めします。

(2)　株価

非上場会社の株式評価額は高額になりやすく，事業承継において，経営者が最も頭を悩ませる課題の一つといえます。基本的に日本人は慎ましく謙虚ですので，諸外国のように数億円，数十億円の役員報酬を設定することは稀ですし，同族経営においてはほとんど配当も出しません。中小企業の内部留保の総額は，150兆円を超えるともいわれています。類似業種比準価額方式及び純資産価額方式のいずれも内部留保が如実に反映される評価方法ですので，非上場会社の株式評価額は比較的に高額になります。

株価が高ければ多額の承継コストが必要となることは前述のとおりです。それゆえに，事業承継というと「株価を下げる行為が最も重要」と経営者は口を揃えるのです。そして専門家は，効果が可視化しやすい株価対策に照準を合わせた対策ばかりを提案するのです。

もちろん，株価引下げも事業承継対策の大切な要素の一つですから必要ですが，過度な株価対策は経営リスクそのものです。適度に健全な株価対策にとどめるべきでしょう。ご存じのとおり，税法には「行為計算否認規定」がありますし，財産評価基本通達には，伝家の宝刀である「総則６項」もあります。後の税務調査で指摘を受けて，多額の追徴課税が生じてしまっては何ら意味がないのです。それどころか，予期しない追徴税額の支払をもって資金繰り悪化の末に，廃業に追い込まれるかもしれません。ですから，我々が提唱する株価対策はかくあるべきです。

『健全な株価対策を行った上で事業承継コストを可視化し，それを担える算段をつけること』

株価対策は目的ではなく，手段の一つに過ぎません。世の中の事業承継対策は，株価対策を目的とはき違えているものが多すぎると感じています。巷には株価がいくら下がったからその何割かを成功報酬で請求する，そんな事業承継専門を謳う専門家が存在するくらいです。

本書では，事業承継対策の一手法として組織再編の有効性を後述しますが，決して株価対策を目的とするものではないことを，改めてお伝えします。

4 相続

事業承継と相続は表裏一体です。しかしながら，事業承継は企業の存続を目的とする経営戦略として行うべきであり，相続対策に焦点を当てて行うべきものではありません。一方で，適切な相続対策をしておかないと経営リスクに発展する危険性を内在させます。相続は，「争続にしない」「納税資金の確保」の観点から対策を考えます。

(1) 争続にしない

なぜ争続は回避しないといけないのでしょうか。その答えは，争続に発展すると後継者又は自社が多額のキャッシュアウトを伴う可能性があるからです。

共同相続人間で遺産分割協議が整わないと，調停・審判・裁判に発展し，最終的には法定相続分による遺産分割となることが一般的です。そうなると，自社株式は共同相続人に分散します。結果，後継者が自社株式を買い取ることになるか，又は「株式の譲渡承認請求に伴う株式買取請求」を行使されるか，いずれにせよ，自社からは多額のキャッシュアウトが生ずる可能性が高いといえます。

したがって，経営者の事業承継対策に遺言は必須です。加えて，遺言を準備した場合においても，遺留分の侵害額請求には併せて備えないといけません。遺留分侵害額の請求を受ける場合には，金銭をもって支払うことが求められます。自社株式の評価は高額であるため，後継者は共同相続人の遺留分を侵害してしまうことも多々あります。

「兄弟とは仲が良いから大丈夫」という経営者も多いですが，本当にそうでしょうか？　今はそうかもしれませんが，相続発生時には，兄弟は職を失っているかもしれませんし，病気を患っているかもしれません。兄弟の配偶者のご家族が何らかの事情で入用かもしれませんし，そもそも兄弟間で仲違いしているかもしれません。相続発生時の環境と心境の変化は，現時点で予測不可能なのです。ですから，共同相続人の遺留分もしっかりと準備することが大切です。

後継者にお金が入る保険の設計でも，会社での運用貯蓄でも方法は問いません。準備した遺留分相当額を使わないで済むのであれば，後継者が増資するもよいですし，会社で貯蓄しているのであれば事業資金に充当すればよいでしょう。備えあれば憂いなしです。我々税理士がまず行わなければならないことは，遺産分割対策の重要性を説いて，経営者にその必要性を理解してもらうことに他なりません。

(2)　納税資金の確保

自社株式を相続する後継者は，多額の相続税負担を強いられることも多くあります。いざ相続が発生して納税資金不足，かつ換価処分できる相続財産がない場合には，自社もしくは金融機関から資金調達するほかありません。いずれの場合においても，後継者の資金原資は自社からの給与ですから，自社の資金繰り悪化は避けられません。このような事態にならないように，生前にしっかりと事業承継コストを把握し，健全な株価対策と併せて，推定相続税額の把握及び納税資金の確保をしなければならないのです。

少し話は変わりますが，事業承継の現場では他の専門家からの提案を目にする機会も多くあります。意外にも多い提案が，さほど相続税も生じないのに株価を下げようとする類の提案です。実際にあった事例として，ある経営者が他の専門家から受けた提案を目にする機会がありました。

この企業は，自社株の評価額が7,000万円でしたので，確かに評価額だけを見ると承継コストが高そうに感じます。そこで，後継者が会社を新設して当該新設法人が資金調達を行い，経営者から自社株を買い取るという，いわゆる「持株会社スキーム」を提案されていました。

経営者は，「後継者は7,000万円も資金準備できないので，この提案なら無事に株式の承継ができていいと思う」と，前向きに実行を検討していました。しかし，個人財産はほとんどなく，相続税を試算してみると300万円程度なのです。このことを経営者にお伝えすると「そうなのですか？　300万円で自社株式の承継ができるのであれば，それに越したことはないです」と驚いていました。

経営者が7,000万円のキャッシュが欲しいのであれば，持株会社スキームも有効な提案の一つです。しかしながら，経営者にそのような要望はなく，経営者が望むことは後継者の負担の少ない事業承継の遂行でした。このケースであれば相続時精算課税制度を用いて価格固定をし，共同相続人の遺留分対策を図るべく資金準備する方がベターです。推定相続税300万円よりも，持株会社スキームのコンサルティングフィーの方が高額な上，新設会社（＝HD会社）は7,000万円もの資金調達を要するわけですから。

また，相続税猶予額の試算をせずに事業承継税制を推奨している専門家の方も非常に多いように感じます。事業承継税制の出口は相続税猶予額ですから，猶予額の試算なくしてその効果は図れないにもかかわらずです。

事業承継対策，相続税対策はやり直しがききません。経営者は一生に一度しかない事業承継という難題に頭を抱えながら，藁をもつかむ思いで我々税理士に相談します。ですから，事業承継を支援する専門家は，深い知識の習得はもちろんのこと，全体を俯瞰して最適解を提案しつづけなければなりません。我々の助言によって，一企業を廃業に追い込んでしまう可能性があることを強く胸に刻む必要があります。

第2章

事業承継支援の進め方

事業承継を進めていく際には，経営者と正に膝を突き合わせて話し合うことからスタートする必要があります。事業承継の相談といっても，具体的に最初からこうしていきたいと，理路整然と話し始める経営者はいません。そのため，まずは会社の概要や社歴，家族構成などの話を聞きながら，経営者の考えや想いを確認していきます。

様々な話をしていく中で，経営者が本当に求めていることが徐々に姿を現してきます。例えば，自分が父親から自社株式を引き継いだときは税金が高かったとか，兄弟ともに会社に携わっているので２人で自社株式を保有しているから今後が心配だなど，自然と事業承継に関する会話に移っていきます。

こうして会話を重ね，経営者が事業承継について話ができる姿勢になったとき，私たちは，「現在，事業承継について最も悩んでいることはなんですか？」と率直に質問します。なぜこのような質問をするかというと，経営者ごとに事業承継の悩みも解決方法もケースバイケースだからです。事業承継時に発生する税金を極力安くしたい，税金を多く払ってでもすぐに自社株式を承継したい，後継者候補が複数名いて悩んでいるなど，事業承継に対するニーズは様々です。そのため，まず経営者のニーズや困りごとが何かを優先順位をつけて整理することを常に心掛けます。

事業承継の仕事は，毎期の決算業務のようにルーチン化することができないので，我々税理士が経営者の承継に対する想いを常に汲み取りながら，寄り添っていく必要があります。

このように考えると，事業承継に専門的に携わっていないと対応できないという印象を受けるかもしれませんが，そんなことはありません。大事なことは，経営者の想いを汲み取る力です。これさえできれば，経営者のニーズを明確に捉えることができ，そのニーズに対して全力を尽くしてあらゆる解決案を検討するだけでいいのです。

その後，検討したいくつかの解決案を提示し，一つ一つの解決案に対するメリット・デメリットを十分に説明した上で，最終的には経営者に解決案を選んでもらいます。その後は，選択された解決案を実行できるようにスケジュールの摺り合わせを行います。事業承継におけるスケジュールはとても大切です。事業承継を進めていく上では，組織再編や自社株式の移動を行う際に，株価算定はもちろんのこと，会社法に定められた手続に沿って順序よく進める必要があるため，準備の時間を確保することが重要だからです。

摺り合わせたスケジュールで事業承継の実行が可能と判断したら，実行を支援します。事業承継は経営者にとって，とても大きな決断です。不安な点があれば，経営者が納得いくまで何度も話合いの場を設けます。納得した上で事業承継を決断したら，スケジュールに沿って必ず実行できるようサポートしていきます。途中で，再度悩む経営者も多いですが，散々話した挙句の結論ですので，途中でブレイクさせることはあまり望ましくはありません[1]。

事業承継は数年間に及ぶこともあるため，当初のスケジュールどおり，問題なく事業承継が進んでいるかの定期モニタリングも行います。大まかなイメージですが，アイユーコンサルティンググループでは，このような流れで事業承継を進めています。次からそれぞれのフェーズごとに深掘りし，実際の事業承継案件ではどのような点に触れていくのか具体的にお伝えします。

1　現状把握とは？

現状把握のポイントは適切なヒアリングと情報収集にあります。率直に聞きにくい場合には，経営者との自然な会話を通じて，経営者の想定勇退時期はいつか，後継者は誰かといった，事業承継を行う上で確認すべき下記の項目を一つずつ把握していきます。

1　M&A 時の譲渡相手に問題があった場合などを除きます。

① 株主
② 後継者
③ 承継時期
④ 議決権
⑤ 株価

事実関係をしっかりヒアリングすることは当然ですが，会話を重ねていくと，こんなことを聞いてもいいのか，顧問先の場合には経営者から嫌われて顧問契約が打ち切りになってしまうのではないかと悩んでしまう場面に遭遇するかもしれません。しかし，その後の解決案を提案するときに，土台となる事実関係をはっきりさせておかなければ的外れな提案になってしまいますので，聞きづらくてもはっきりと聞く必要があります。

もし，事実関係を正確にヒアリングせず，思い込みを前提にして提案した場合，経営者のニーズに寄り添った解決案には至らないでしょう。経営者は２代目以降でない限り，基本的に事業承継を経験したことがないため，我々税理士からの提案内容に違和感を抱いたとしても，上手く言葉にできずにモヤモヤした気持ちのまま終わってしまいます。最悪なケースでは，経営者も事業承継はこういうものだと勝手に思い込み，真に話すべきことを話さぬまま事業承継が実行されてしまいます。

そのため，我々税理士は経営者にとってベストな解決案を提案するためにも，不明点や疑問点があれば全てを把握することが大切です。

1 株主について

経営者が100％株式を所有しているのか，それとも，経営者の配偶者や親族又は親族外の株主がいるかによって提案方法が異なります。

一般的に，経営者が100％保有している会社は，その自社株式をいかに税負担が少なく後継者に承継できるかを考えていきます。そのため，私たちが事業承継を行う際は，株価が低くなる承継時期はいつか，株価対策を行うとどれくらい株価が下がるかといったことを検討します。

これに対して，経営者以外の株主がいる場合，その株主が経営者と一緒に後継者へ自社株式を譲ってくれるかどうかから考えなければなりません。経験上，配偶者は経営者の意思に同調し，同じタイミングで後継者へ承継することが多いという印象があります。しかし，例えば，経営者の弟（後継者にとっては叔父）が株主の場合，多くのケースでは，経営者が譲るからといって，自社株式を甥である後継者に譲るとは限りません。

このとき，弁護士以外の専門家は，非弁行為となるため株主との交渉を行うことができません。そのため，経営者自ら弟を説得してもらう必要が出てきます。当たり前ですが，弁護士が表に出てくると相手方が警戒するため，ナイーブな事業承継問題の交渉時には表に出すことはあまり望ましいとはいえません。

経営者との話合いでまとまればよいのですが，兄弟間で交渉が決裂するケースもあります。話合いがまとまらないからといって，経営者自身の自社株式を承継しない訳にもいかないため，経営者の自社株式のみを承継して，ひとまずの事業承継は完了します。

このとき，経営者は兄弟間の話合いが決裂したとしても，自分が所有し続けた自社株式を後継者に譲ることができ，一定の満足感を得ることができるでしょう。しかし，その後，経営者に相続が発生したときの株主構成はどうなっているでしょうか。

経営者に相続が発生したときの株主構成は後継者と叔父になります。このような状況下で，後継者が経営者として成長し会社経営をより堅実なものにしたとしても，叔父から自社株式を買い取ることは難しいと考えられます。生前に経営者が交渉して決裂したケースなどは親族関係が芳しくない場合が多く，なかなか叔父は自社株式を譲ってくれません。

叔父と交渉できぬまま，その後，さらに年月が経ち，叔父にも相続が発生した場合，叔父の自社株式を相続する人は，一般的には叔父の配偶者や子供たちです。つまり，後継者にとっては義理の叔母や従兄弟です。こうなってしまったとき，後継者は義理の叔母や従兄弟に自社株式を譲ってほしいと交渉できるでしょうか。心情的にもハードルが高く，こういった話合いができるケースは稀です。

このように，経営者以外に株主がいる場合，我々は後継者と関係が薄い，又は，将来的に関係が薄くなる株主がいないかをしっかり確認します。そして，もしそのような株主がいる場合には，経営者自らが粘り強くその株主と話合いを重ねてもらい，将来のトラブルの芽を今から摘んでおきましょうと強く勧めます。問題の先送りはしないよう伝えることも我々税理士の役割だと考えています。

2　後継者について

後継者候補が複数いる場合，経営者にとって，どちらを後継者にすべきか決めることは非常に難しい問題です。

年齢的に時期尚早ということであれば，承継時期を後ろ倒しにして数年間は様子見をすることも可能です。しかしながら，私たちが相談を受ける事業承継案件には，経営者が高齢の場合や数年後には株価が高額になる可能性が高い案件が多く，ここ数年の間で事業承継を実行しなければならないケースが多くあります。

後継者候補が複数いる場合のポイントは，経営者に後継者をどちらかに決めてもらい，決めた後継者に100％自社株式を渡すことだと考えています。案件の中には，将来，後継者になりうる子供が２人いるという理由だけで，子供にそれぞれ50％ずつ自社株式を承継しているケースもあります。子供に優劣つけることなく平等に自社株式を分けたいという経営者の想いからの行動でしょう。

しかし，その場合，経営者にいずれ相続が発生したときの会社経営はどうなるでしょうか。相続発生後は50％ずつ保有している子供が後継者として２人で会社経営を行っていきます。最初は順調かもしれませんが，どこかで２人の意見がぶつかったときが大変です。お互いに相手の意見に納得いかなくとも，経営方針をどちらかに決めなければなりません。どちらの後継者も自社株式を50％しか所有していませんので，１人では株主総会の決議を通すことができません。そのため，１人では会社経営を行う上で重要なことを何も決めることができません。

このような場合，会社の成長が止まることは容易に想像できます。そうならないように経営者に責任を持って後継者を決めてもらい，その後継者に自社株式を100％承継させるように勧めています。

なお，親族にも会社内にも後継者候補がいない会社は，従業員の雇用維持のためにM&Aを検討することが最近のトレンドとなっています。M&Aを検討している会社には，経営者の目が黒いうちに，期限を定めてM&Aを行うようアドバイスしています。もし期限になっても承継先が見つからない場合は，周りのステークホルダーに迷惑をかけないよう，十分な準備時間を設けた上で会社を潔く清算することも正しい選択肢の一つだと考えています。

3 承継時期について

事業承継の相談では，今から3〜5年の間には承継したいなどと，ある程度の承継時期をイメージしている経営者が多くいます。承継時期を検討することは，経営者自身いつ退くかを考えることとセットですから，経営者が承継時期について具体的に考えることは当然でしょう。

相談によっては，現状分析を進めていく中で，今期中に承継することを希望する経営者もいますし，相談をしたらすぐに自社株式の承継ができると思い込んでいる経営者もいます。しかし，自社株式を評価するだけで数か月を要することもありますので，経営者と承継時期の摺り合わせは最初の段階で必須事項となります。

また，経営者と配偶者2人で自社株式を100％所有している会社の事業承継を行う場合，経営権や税負担を鑑みて，あえて2人の自社株式の承継時期をずらすことも一つの方法として提案することもあります。

例えば，経営者が75％，その配偶者が25％の自社株式を所有している場合，後継者にまずは配偶者所有分の25％を承継させ，その後3年間，後継者が経営者として1人でやっていけるかの様子を見た後に，経営者所有分の75％を渡すといった承継方法を提案したこともあります。その後の状況によって75％の自社株式をさらに半分（37.5％）に分け，配偶者分と合わせて3段階に分けて自社株式の移転をすることも提案しました。3段階に分けることで，２段階完了時点では，議決権は62.5％であり，後継者１人の株式では，合併や解散など会社にとっての重要事項を決める株主総会の特別決議を通すことができません。

このように，万が一，後継者への事業承継が時期尚早だったとしても，複数回に分けて承継することで経営的安全性の確保が行いやすくなります。複数回に分割して行う株式の承継は，会社経営にも影響が少なく，後継者にとっても心理的負担を和らげることができるので効果的な承継方法だと考えています。

4 議決権について

経営者の所有株式を全株移転したときに，後継者が議決権をしっかり確保できるかどうかは重要項目です。

一般的には，経営者又は配偶者含め２人で100％所有している会社が多いと思いますが，中には，親戚や創業時から働いている従業員が少数株主として存在するケースもあります。このように，経営者の所有株式を全株移転しても，なお一定数の議決権を後継者が確保できない場合は，もう一歩踏み込んだ事業承継対策が必要です。

議決権を何パーセント確保できれば安心なのかということを気にする経営者は多く，相談時によく質問されます。一般的には，50％超と理解されている方が多いかもしれませんが，後継者は会社経営上３分の２以上の議決権を確保すべきとアドバイスしています。

しかし，後継者が３分の２の議決権を確保できたとしても最低限のラインに達しただけなので，会社経営上完全に安全とはいえません。株主は次の表のとおり議決権数に応じて権利を有しているからです。

これまでの経験上，数パーセントの議決権を他の株主に保有されていても会社経営には何も支障がないと思われる経営者も多いと感じていますが，図表2-1のとおり，議決権を10％以上保有している株主は多くの権利を有しています。さらに，６か月[2]の間１株以上株式を保有している株主は，株主代

2　非公開会社では６か月前からの保有要件は不要です。

図表 2-1 〉保有株式と権利の内容（抜粋）

保有株式数（持株割合）	主な権利の内容
1 株以上	・株主代表訴訟 ・各種書類の閲覧謄写請求権 （定款，株式取扱規則，株主総会議事録，取締役会議事録，株主名簿，決算書類，附属明細書，監査報告書等） ・株式の譲渡承認請求に伴う株式買取請求
議決権の 1 %以上	・株主総会における議案提出権
議決権の 3 %以上	・会計帳簿の閲覧謄写請求権 ・株主総会招集請求権 ・取締役・監査役の解任請求権
議決権の 10 %以上	・解散請求権
議決権の$\frac{1}{3}$超	・株主総会における特別決議の阻止
議決権の$\frac{1}{2}$超 （株主総会における普通決議）	・取締役・監査役の株主総会での選任決議 ・取締役・監査役の報酬額の株主総会決議 ・計算書類の株主総会承認
議決権の$\frac{2}{3}$以上 （株主総会における特別決議）	・取締役・監査役の解任権 ・新株・転換社債等の有利発行 ・会社の内容を変化させる事項 （減資，合併，定款変更，営業譲渡，解散等）
議決権の$\frac{3}{4}$以上 （株主総会における特殊決議）	・配当や残余財産を受ける権利等について，株主ごとに異なる取扱いについての定款の定めの変更

表訴訟[3]（会社 847）を行うこともできます。

一番の潜在リスクは，前述の「株式の譲渡承認請求に伴う株式買取請求」です。

このように経営者が所有する株式を全株移転し，その移転した株式の議決権が３分の２以上であったとしても，潜在的なリスクを有していると考えられるため，そのリスク管理について経営者と摺り合わせをしていきます。

3　会社に対して取締役等の責任追及等をするよう請求できる制度。

5 株価について

これまでの全てをヒアリングした上で，株価の算出を行います。経営者の所有株数に応じた株価がいくらなのかを把握し，今後の株価推移のシミュレーションを行うことも大切です。経営者が今期は承継しないと考えていたとしても，将来的な株価の推移を試算した結果，税負担を考慮すると承継のタイミングまでそれほど時間的余裕がないケースは多くあります。

事業承継を実行しようと考えている経営者からの相談で，次のような実例がありました。

５年前の株価算定で株価総額が１億円だったため，現在でも株式の移転に対して高額な税金はかからないだろうと考えていたが，５年後の現在に改めて株価算定を行ったところ，会社経営が順調だったこともあり，総額が３億円まで高騰していたというものです。

経営者は，これほど高額になっているとは思ってもいなかったでしょう。当時の資料や決算書を見ると，どうやら５年前は遊休不動産の売却を行ったことで，多額の含み損が出ており，一時的に株価が低くなっていたことが要因でした。

経営者は５年前の当時，今後は会社の内部留保が毎期蓄積され株価も上昇し将来の株価が高額になるということを，税理士から教えてもらってはいましたが，想定外の株価となったということです。

このようなケースでは，株価が高い安いという抽象的な表現ではなく，例えば，下記のように具体的な株価推移を用いて話合いができていれば，このような事態は防ぐことができたはずです。

図表 2-2 経営者が所有している自社株式の株価推移

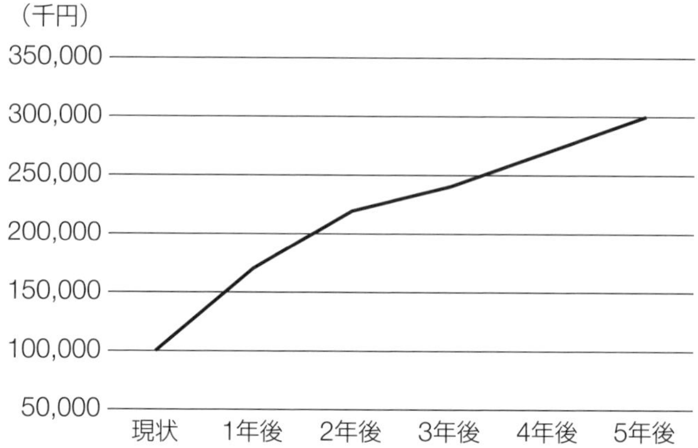

2 提案とは？

前節では，株主構成や株価などの現状を把握しました。事実関係を適切に整理することで，経営者と税理士がそれぞれの思い込みにより誤った方向に事業承継が進むことを防ぐことができます。そして，満足度の高い事業承継を行うために最も必要なことは，様々な課題を解決するための「提案」です。

一般的に経営者は，我々税理士に対して，「もっと情報発信して欲しい」，「それは将来的に問題になるのでやめておいたほうがいい」などの一歩踏み込んだアドバイスを求めているケースが多いように感じます。

こういった要望に応えるためには，先ほど行った現状把握をもとに我々税理士から提案をしていくことが必要です。そして，提案するために必要なことは，経営者の想いにしっかり耳を傾けることです。

とはいえ前述のとおり，「事業承継への想いをお聞かせください」と，突拍子もなくお伺いしても経営者も心の準備ができていないため言葉に詰まってしまいます。そのため私たちは，「事業承継を行う上で一番優先したいことお聞かせください。そして，その次に優先したいことは何になりますか？」と優先順位を付けてお伺いするように心掛けています。それでも，即答できず言葉に詰まる経営者もいますので，その都度立ち止まりながら事業承継を行う上で大事にすべき想いを考える時間に充ててもらいます。

事業承継について今まで考えてこなかった経営者は，大事にすべき想いを認識した上で，税理士と会話を重ねることで頭を整理し，事業承継における優先順位を確定させていきます。こうやって，経営者と税理士が話合いを重ねて想いを整理していくことが事業承継では最も重要だと考えています。

1　具体的な提案アプローチ

経営者の想いとしっかり向き合い，理解をした後は，その想いの上に税務・財務・労務・法務・会社法・民法などのこれまで培った知識を活用して提案を行います。

我々が提案を行う場合，主に下記の４つの視点からアプローチし多角的に検討していきます。

①　評価引下げ対策
　組織再編の検討，退職金の活用，含み損の実現化　等
②　移転対策
　相続時精算課税制度の活用，持株会社への譲渡　等
③　納税財源確保対策
　金庫株取得，遊休不動産の売却，納税猶予制度の活用　等
④　遺産分割対策
　遺言の作成，遺留分の民法特例の活用　等

上記４項目はそれぞれが繋がっており，どれが欠けてしまっても事業承継を上手く進めることができません。そして，この中でも特に大事な対策は「納税財源確保対策」です。事業承継は相続対策の一環でもありますので，納税できるのかという問題が解決しなければ事業承継も完了しません。

2 提案を考えるにあたって

巷には事業承継対策の手法を紹介した書籍が沢山発刊されています。提案内容が事業承継の肝ですので，我々税理士はついつい事業承継の提案方法を先に考えてしまいがちです。

現状把握する前に承継方法を先に考えたとしても，例えば，株価が高くて想定した承継方法だと税負担が重すぎるとか，経営者の所有株式の移転だけでは経営権の確保ができないといった事態に陥ることもあり，その場合は一から現状把握をやり直さなければなりません。そのため，私たちは提案する前には必ず現状把握と分析を行います。事業承継の組立てはケースバイケースですから，先に提案内容を考えても意味がないのです。

また日頃，同業である税理士の方々からの事業承継の相談で，事業承継に対する提案内容や対策方法などの理解はできているものの，いざ経営者を前にしてどのように話を進めていいかわからないといった相談も多くあります。

わからなくなってしまう理由は，税理士の日頃の業務に起因しているのではないかと考えています。税理士のメイン業務である月次決算を中心とする顧問業務は過去の数字を集計する業務です。月次決算を完成させるという答えが１つの作業なので，いかに早く正確に業務をこなすかに重きが置かれます。

それに対して事業承継は，未来に向けて経営者から後継者へどうやってバトンを渡したらいいかという，何もない状態から経営者と一緒に組み立てていくコンサルティング業務です。そのため，事業承継に苦手意識を持たれている税理士の方々も多くいます。しかし，そんなに難しく考えることはありません。大事なことは，経営者の悩みをヒアリングし，その悩みに対して，解決できる方法を提案するだけです。

しかし，提案が１つだけだと，どうしても税理士が答えを決めつけてしまう，押しつけてしまうという印象を与えてしまいます。経営者は，専門的な知識を有していないため提案を比較できません。提案された方法で事業承継を進めて本当にいいのかと不安を抱いてしまい，決断に躊躇する方が多くいます。

そこで，私たちは，複数提案を用意し，その中から比較検討した上で選んでもらうことを心掛けています。解決案といっても完璧な方法はなく，どの方法もメリットデメリットがあるため，経営者１人１人に自社にとって現時点でのベターな手法を選んでもらうのです。

事業承継に苦手意識を抱えている税理士の方は，１つの提案に捉われずに，上記の４つの論点を軸に提案内容をいくつか用意してみましょう。そして，経営者と話合いを重ねながら，会社にとってのベストな事業承継を経営者と一緒に二人三脚で見つけていくものと考えると，肩の荷が少し軽くなるはずです。

3　実行とモニタリングの重要性

1　事業承継を先延ばしにしないために

事業承継＝事業成長の一環であり経営戦略の一つの手法です。別の言い方をすれば，自社を継続的に成長させるために行う経営者から後継者へのバトンリレーともいえるでしょう。そして，事業承継は相続と表裏一体です。将来的な相続に備え，事業承継は経営者が生きているうちに対処すべき最重要課題ともいえます。

例えば，経営者が急死して後継者１人で会社経営と事業承継の２つを同時にしなければならないケースを考えてみましょう。

経営者は，一度は事業承継を考えましたが，後継者に任せることが不安で，代表権を渡してしまったら仕事一筋で生きてきた自分には何も残らないという寂しい想いから，一生現役でいくと心に決め，自分が生きているうちに事業承継はしないと決断したとします。

もちろん，この選択は会社の経営方針として理解はできますが，後継者にとってはどうでしょうか。経営者に相続が訪れたとき，後継者にとっては親である経営者の急死を悲しむ暇もなく，本社ビルの相続や自社株式の承継，取引先や金融機関への挨拶などを１人で進めていく必要があります。加えて，経営者として日々の会社経営もしなければなりませんが，経験が浅いため，会社経営にかかわる重要事項を１人で決断していくことは相当な負担がかかります。役員や従業員にも経営者として認められるよう一生懸命努力したとしても，力不足なのは否めないでしょうから，役員や従業員からは，「先代の頃はああだったこうだった」と指摘されてしまいます。

果たして，このような事業承継で会社は継続できるでしょうか。後継者が尽力し会社は継続できたとしても，成長が一時的にストップすることは想像に難くないでしょう。

これに対して，生前に事業承継をしていた場合，経営者は第一線を退くこととなり少し寂しい気持ちになるかもしれませんが，後継者が会社経営に不安なことがあれば，いつでも相談でき，会社の方向性を確認することができます。そうすると，役員や従業員も安心して勤務することができ，先代に相続が発生した後も変わらず会社を支えてくれます。また，経営者と後継者２人で取引先や金融機関へ挨拶回りすることができるため，良好な人間関係も先代から引き継ぐことが可能です。経営者には会社経営を行う上で，取引先との人付き合いや金融機関交渉も必要となるからです。

このように事前準備をしっかりと行うことで，将来，経営者に相続が発生しても，後継者はこれまでの感謝の気持ちを抱きながら粛々と手続を進めればよく，会社経営に集中することができます。経営者が元気なうちに事業承継を確実に実行し，事業承継した後も後継者を陰からサポートすることで，今後の会社経営を盤石にしていくことが大切なのです。

2 提案から実行までに間が空く場合のモニタリング

事業承継を実行しようと決意しても，提案内容によっては実行まで時間が空いてしまうケースも少なくありません。例えば，３年後の経営者の退職のタイミングで株式の承継を考えている３月決算の会社の場合のスケジュールは下記のようになります。

図表 2-3 〉スケジュールとモニタリング

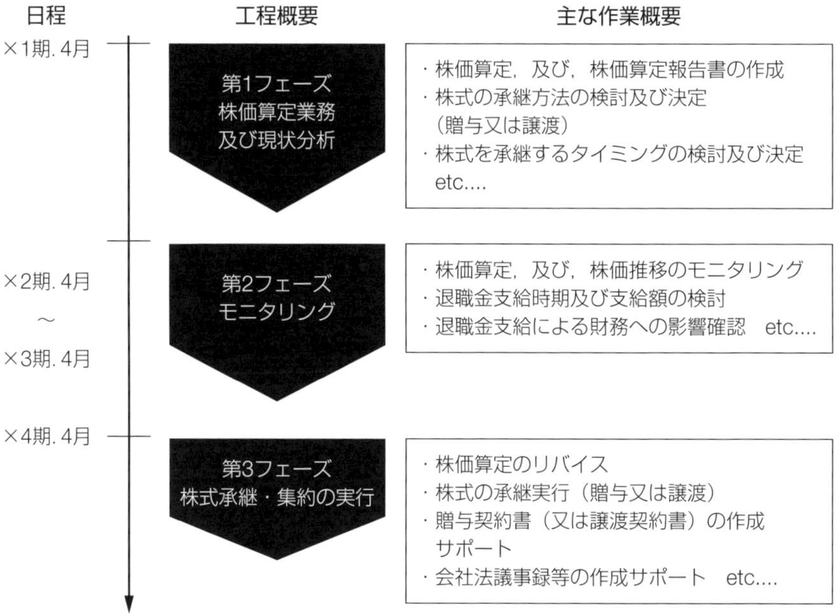

図のように，事業承継を行うまでには非常に時間がかかることも多くあります。そして，時間がかかることで，金額面で計画どおりに行かないこともあります。

実行までに時間が空く場合，将来的な株価はシミュレーションを行って試算していますが，提案時には想定していなかった突発的な要因により，株価が急激に高くなるときもあります。そのため，私たちは年に1度決算書を確認して，株価が急激に高額になっていないかのモニタリングを行います。このタイミングで経営者と後継者が共に事業承継に向けて心情面に変化がないか，ネガティブな変化があった場合には，それを払拭し，当初の計画どおりに事業承継が進むよう，想いに寄り添った対応も同時に行います。

また，リーマンショックやコロナ禍のような外的要因により急激に売上が減少することがあるかもしれません。その場合，例えば，3年後に支給予定であった退職金を支払う原資が枯渇してしまうケースもありえます。状況次第では，そもそも事業承継の時期を見直す必要が出てくるため，株価だけでなく，毎事業年度の財務状況にも注意を払い，モニタリングを行う必要があります。

このように，財務状況と経営者・後継者の心情の両方に変化がないかということに留意して，しっかりとした下準備を続けていくことが重要です。

3 実行後からモニタリングする場合

実行後も定期的にモニタリングすることが必要なケースもありますので，案件次第では，事業承継後もサポートを続けることもあります。

例えば，後継者が新設した持株会社が借入を行い株式を買い取るケースです。実行前にシミュレーションを行い，子会社になる予定の会社からの配当等で継続的な返済が可能か検討します。しかし，毎期継続的な返済原資を確保できるかどうか，シミュレーションどおりにいかないことも多いため，どのように返済原資を確保していくか継続的なサポートが必要となります。

また，相続の観点からもモニタリングが必要となります。例えば，相続人や財産内容が変わっていないか，変わっている場合は，遺言の書き直しが必要かどうかも検討しなければなりません。大変悲しいことではありますが，後継者に不慮の事故等で相続があった場合には事業承継自体そのものの見直しが必要となります。順調に推移している場合でも数年後に予定している自社株式の移転に備え，後継者が自社株式移転時に係る納税資金を予定どおりに蓄えることができているかといった点にも留意します。

最後に，事業承継税制を活用するケースです。事業承継税制は自社株式の移転時に係る税金を免除ではなく猶予する制度のため，自社株式移転後も事後要件を守らなければなりません。この事後要件を満たせなくなると猶予されていた税金を支払わなければならないため，ルールを守り続ける必要があります。そのため，資産保有型（又は資産運用型）会社に該当していないか，増資をしていないかなどの一定のルールを守っているかのモニタリングが必要になります。

以上，ここまで説明した事業承継に関する大まかな流れをまとめると下図のようになります。

図表 2-4 事業承継のヒアリング・実行・モニタリングの流れ

項目	現状把握・分析	提案	実行とモニタリング
内容	・株主 ・後継者 ・承継時期 ・議決権 ・株価	・評価引下げ対策 ・移転対策 ・納税財源確保対策 ・遺産分割対策	・提案から実行までのモニタリング ・実行後のモニタリング

第３章以降の『スキーム提案編』では，より具体的に株式の承継に焦点を当てて，一般的な承継方法及び承継スキームについて説明します。

PART 2

第2部

スキーム提案編

第3章

自社株承継の出口

自社株式を後継者へ承継する前に，株価の対策や資金調達，納税資金確保，タイミングなど様々なことを検討することになりますが，最終的に株式を移転する自社株承継の出口は「譲渡」，「贈与」，「相続」のいずれかしかありません。また，「贈与」や「相続」は先代経営者から後継者へ個人間の移転となりますが，「譲渡」の場合は後継者個人のみならず，自社や後継者出資の会社などへ譲渡して承継する方法もあります。もちろん様々な組み合わせを用いて承継することもあります。

この章では，移転方法として，「譲渡」，「贈与」，「相続」のいずれを選択するか，経営者のニーズや会社の状況に応じた検討をするために，それぞれの課税関係やメリット・デメリットを整理します。

図表 3-1 株式の移転に係る税務上の時価と税金

	相手先	税務上の時価	譲渡者の課税	受贈者等の課税	備考
譲渡（売る）	個人	相続税評価額	譲渡所得税（分離課税）	低額譲渡の場合 贈与税	
	自社	法人税法上の時価（所得税法上の時価）	みなし配当課税（総合課税）	—	低額譲渡の場合，他の株主へみなし贈与（価値上昇があった場合）
	他社	法人税法上の時価（所得税法上の時価）	譲渡所得税（分離課税）	低額譲渡の場合 法人税	低額譲渡の場合，他の株主へみなし贈与（価値上昇があった場合） 対価が時価の 1/2 未満の場合，譲渡者にみなし譲渡
贈与（あげる）	個人	相続税評価額	—	贈与税（暦年課税）	年間 110 万まで非課税 10 %～55 %の累進課税
	個人	相続税評価額	—	贈与税（相続時精算課税）	生涯で 2,500 万まで非課税※ 20 %の課税 贈与者の相続時に贈与時の価額で持ち戻し
	個人	相続税評価額	—	贈与税（納税猶予）	一定の要件を満たす場合に贈与税を猶予 贈与者の相続時に贈与税が免除され，贈与時の価額で持ち戻し（相続税の納税猶予選択可）
相続（引き継ぐ）	個人	相続税評価額	—	相続税	基礎控除まで非課税 10 %～55 %の累進課税
	個人	相続税評価額	—	相続税（納税猶予）	一定の要件を満たす場合に相続税を猶予 一定の事由が生じた場合に猶予額が免除

※令和 6 年以降の贈与は，年間 110 万まで別途非課税（相続時の持戻しなし）

1 譲渡

「譲渡」は，生前に対価を伴って移転する方法になります。譲渡者（先代経営者）に譲渡所得税等（金庫株の場合はみなし配当課税）が生じる可能性があり，譲受者（後継者や会社など）は買取資金の負担が生じることになります。また，M&Aなどの純然たる第三者への譲渡でない場合，適正な時価での譲渡価額を決定しないと，思わぬ課税負担が生じてしまうこともあるので，譲渡価額の決定も慎重に行う必要があります。税務上は，個人間の譲渡は相続税評価額の株価，法人への譲渡は法人税法上の時価（所得税法上の時価）が目安となります。

【譲渡者の課税関係】
① 個人や他社へ自社株式を譲渡した場合の計算方法
譲渡所得×税率 20.315％（所得税 15.315％，住民税５％）
譲渡所得＝１株当たり譲渡対価×譲渡株式数－取得費※
※創業者一族の場合，当初出資額がそのまま株式の取得費となるケースが多いですが，過去に売買や増資等があった場合には，購入価額が取得費となります。また，概算取得費（譲渡対価×５％）の方が上回る場合は，概算取得費を取得費とすることができます。
② 自社へ自社株式を譲渡した場合（金庫株）の計算方法
みなし配当※の所得×税率（総合課税）
※１株当たりの資本金等を超える部分は配当所得とみなされます。

図表 3-2　譲渡のメリット・デメリット

メリット	・計画的（株価対策実行後）に生前に承継ができる。 ・相続時において特別受益として遺産分割や遺留分を考慮する必要がない。 ・後継者以外の相続人に残す財産を確保できる。 ・後継者は買取資金の負担が生じることで，次期経営者としての自覚や責任を感じやすい。
デメリット	・後継者や会社は買取資金の負担が生じる。 ・先代経営者は株式の譲渡所得として約 20％の課税負担が生じる。 ・譲渡対価として現金を取得するため，相続税対策にはならない（ただし，生前贈与や保険への資産組換えなどの対策を別途検討できる）。 ・譲渡後に自社株式の価値が下がった場合，結果的に買取資金や税負担が大きくなる。

2 贈与

「贈与」は，生前に無償で移転する方法になります。後継者は買取資金の負担が生じないため，課税負担のみの資金確保ができればよいことになります。贈与時の課税には「暦年贈与」「相続時精算課税制度」「事業承継税制（贈与税）」の3つの制度があり，贈与額や贈与者との関係，会社の今後の見通し等を踏まえて受贈者が選択することになります。

1 暦年贈与

暦年で110万円（基礎控除）までの財産移転は課税が生じません。基礎控除を超えた部分については累進課税により贈与税が課税されます。

【受贈者の課税関係】
暦年贈与の計算方法
（贈与財産の合計額－110万円（基礎控除））×累進税率（10％～55％）

図表3-3 贈与税の速算表（一般税率）（相法21の7）

基礎控除後の金額	税率	控除額
200万円以下	10％	0万円
200万円超～300万円以下	15％	10万円
300万円超～400万円以下	20％	25万円
400万円超～600万円以下	30％	65万円
600万円超～1,000万円以下	40％	125万円
1,000万円超～1,500万円以下	45％	175万円
1,500万円超～3,000万円以下	50％	250万円
3,000万円超～	55％	400万円

※一般税率：特例贈与に該当しない場合で，例えば兄弟間の贈与，夫婦間の贈与，親から子への贈与で子が未成年者の場合などに使用します。

図表 3-4〉贈与税の速算表（特例税率）（措法 70 の 2 の 5）

基礎控除後の金額	税率	控除額
200 万円以下	10 %	0 万円
200 万円超～400 万円以下	15 %	10 万円
400 万円超～600 万円以下	20 %	30 万円
600 万円超～1,000 万円以下	30 %	90 万円
1,000 万円超～1,500 万円以下	40 %	190 万円
1,500 万円超～3,000 万円以下	45 %	265 万円
3,000 万円超～4,500 万円以下	50 %	415 万円
4,500 万円超～	55 %	640 万円

※特例税率：直系尊属（祖父母や父母など）から，贈与を受けた年の 1 月 1 日において 18 歳以上（令和 4 年 3 月 31 日以前の贈与については 20 歳以上）の直系卑属（子や孫など）への贈与の際に使用します。

図表 3-5〉暦年贈与のメリット・デメリット

メリット	・計画的（株価対策実行後）に生前に承継ができる。 ・「贈与税率＜相続税率」となる贈与の場合は相続税対策になる。 ・毎年 110 万の範囲でコツコツと贈与していくと税負担なく株式の承継ができる。 ・早期から複数年かけて贈与する場合や，推定相続人以外の孫やその他親族に承継する場合であれば，相続前の贈与加算※の影響を受けない。
デメリット	・暦年で 110 万を超える贈与の場合，受贈者は贈与税の負担が生じる。また，累進課税のため，贈与額が大きいと税負担が大きくなる。 ・相続又は遺贈により財産を取得する者は，相続開始前 3 年以内※の暦年贈与については相続財産に持ち戻され相続税計算の対象となる（支払った贈与税は相続税から控除する。ただし還付はなし）（相法 19）。 ・特別受益となる場合，相続時の時価をもって遺産分割の算定対象となる。また，相続開始前 10 年以内の贈与については，遺留分の算定上も持戻しの対象とされる。

※令和 5 年度の税制改正により，相続開始前の贈与について，相続財産への加算期間が 3 年から 7 年に延長されます。令和 6 年より徐々に加算期間が長くなり，令和 13 年の相続から 7 年の加算となります。なお，延長される 4 年間の贈与については，総額から 100 万円を控除した残額が加算されます。

2 相続時精算課税制度

原則として，贈与をした年の1月1日において60歳以上の父母又は祖父母（直系尊属）から18歳以上（令和4年3月31日以前の贈与については20歳以上）の子又は孫に対して財産を贈与した場合に選択できる制度で，受贈者1人につき生涯で2,500 万円まで無税で資産を移転することが可能です。2,500 万円を超えた部分については一律20 %の贈与税が課税されます。

相続時精算課税制度は，受贈者が贈与者ごとに適用するか否かを選択することができます。贈与時の負担が小さい代わりに，相続が開始した場合には，贈与時の価額で相続財産に持ち戻され，相続税が計算されます。ただし，贈与の際に支払った贈与税は相続税から控除することができます（払い過ぎた場合は還付となります）。

なお，令和5年度の税制改正で，令和6年1月1日以後に行われる贈与から，現行の特別控除2,500 万円とは別枠で，毎年課税価格から基礎控除110万円を控除できることとなります。基礎控除110万円の範囲内であれば申告不要で相続財産への持戻しも不要です。

【受贈者の課税関係】

相続時精算課税の計算方法

（贈与財産の合計額－2,500 万円※（特別控除））×20 %

※前年以前に控除した金額がある場合にはその残額となります。また，令和6年以降は毎年 110 万円の基礎控除が別枠で設けられます。

図表 3-6　相続時精算課税制度のメリット・デメリット

メリット	・計画的（株価対策実行後）に生前に承継ができる。 ・特別控除が 2,500 万円あり，税率も一律 20 %のため，贈与額が大きい場合に贈与税の負担が抑えられる。 ・相続財産が基礎控除以下で相続税がかからない人は税負担なく贈与ができる。 ・相続時の価額ではなく贈与時の価額で相続財産に持ち戻されるため，株価の低いタイミングで贈与すれば，評価の固定化による相続税対策ができる。

	・令和6年1月1日以降は，特別控除とは別枠で基礎控除110万円が設けられ，相続時の持戻しも不要であることから，毎年110万円の範囲でコツコツと贈与して税負担なく株式を承継することや，株式承継後に110万円の現金贈与による相続税対策をすることも可能となる。 ・相続後に精算課税贈与を受けた自社株式を金庫株した場合，「みなし配当課税の特例（措法9の7）」と「取得費加算の特例（措法39）」により，低い税負担で自社から資金を調達し，相続税の納税資金を確保することができる。
デメリット	・贈与者と受贈者に要件があるため，先代経営者と後継者の年齢や関係が要件を満たさない場合は適用ができない。 ・相続時精算課税を選択すると，その贈与者からの贈与について，暦年贈与に戻ることはできない。 ・贈与時よりも相続時の自社株式の評価が低くなった場合，結果的に税負担が大きくなる。 ・孫へ精算課税贈与する場合，相続税の2割加算の対象となる。 ・特別受益となる場合，相続時の時価をもって遺産分割の算定対象となる。また，相続開始前10年以内の贈与については，遺留分の算定上も持戻しの対象とされる。

図表3-7 〉相続時精算課税制度のイメージ

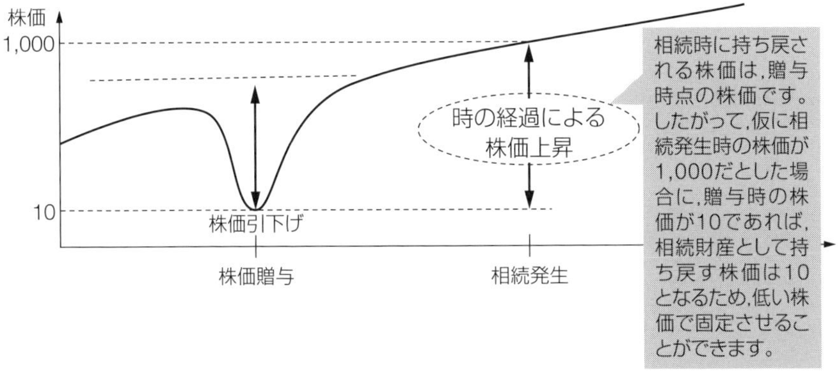

3 事業承継税制（非上場株式についての贈与税の納税猶予及び免除（措法70の7））

自社株式の贈与を受ける後継者が，「中小企業における経営の承継の円滑化に関する法律第12条第1項の認定」（以下，「円滑化法の認定」といいます）

を受けた場合，事業の継続や株式の継続保有などの要件を満たせば，贈与税が猶予・免除されます。

後継者が贈与者の直系卑属（子や孫など）である推定相続人以外の者でも適用ができ，その場合に贈与者が60歳以上，受贈者が18歳以上（令和4年3月31日以前の贈与については20歳以上）であれば，相続時精算課税制度の選択も可能になります。

詳細は第5章7をご参照ください。

3 相続

「相続」は，亡くなった後に無償で移転する方法です。生涯現役の場合，贈与税の負担が大きく納税資金が手当てできない場合，株価対策の効果が薄く利益の蓄積による純資産の増加が見込まれない場合などで「相続」での承継とするケースがあります。また，通常の相続税を納税する以外に「事業承継税制（相続税）」を活用する方法もあります。

1 相続税

被相続人の相続財産が基礎控除以下の場合は申告不要で相続税の納税は生じません。基礎控除を超える場合は，被相続人が死亡したことを知った日の翌日から10か月以内に申告・納税が必要となります。

【相続人・受遺者の課税関係】

相続税の計算方法

1. 課税価格の合計額－基礎控除（3,000万円＋600万円×法定相続人の数）＝課税遺産総額
2. （課税遺産総額×各法定相続人の法定相続分）×累進税率（10％～55％）＝算出税額
3. 各法定相続人の算出税額の合計＝相続税の総額
4. 相続税の総額×各人の課税価格÷課税価格の合計額＝各人の納付税額
5. 各人の納付税額－各種税額控除＝最終的な各人の納付税額

図表 3-8　相続税の速算表

法定相続分に応じた各人の取得金額	税率	控除額
1,000 万円以下	10％	0 万円
1,000 万円超～3,000 万円以下	15％	50 万円
3,000 万円超～5,000 万円以下	20％	200 万円
5,000 万円超～1 億円以下	30％	700 万円
1 億円超～2 億円以下	40％	1,700 万円
2 億円超～3 億円以下	45％	2,700 万円
3 億円超～6 億円以下	50％	4,200 万円
6 億円超～	55％	7,200 万円

図表 3-9　相続のメリット・デメリット

メリット	・基礎控除以下の場合は相続税がかからない。また，財産額が大きい場合贈与税（暦年贈与）よりも税負担を抑えられる。 ・死亡退職金の支給により，非課税枠（500 万円×法定相続人の数）の範囲内は相続税がかからずに自社から資金調達ができる（株式評価についても純資産価額の計算で負債として計上できる）。 ・相続した自社株式を金庫株とした場合，「みなし配当課税の特例（措法９の７）」と「取得費加算の特例（措法 39）」により，低い税負担で自社から資金を調達し，相続税の納税資金を確保することができる。 ・事前に遺言を準備しておくことで，後継者に自社株式を集約させることができる（他の相続人に遺留分は生じる）。
デメリット	・相続はいつ発生するかわからないため，計画的な承継ができない。たまたま利益が好調，又は特定会社に該当した場合などは評価額が高くなるケースもあり，短期的な株価対策はできない。 ・人的承継が先に済んでいる場合には，後継者の経営努力が株価を引き上げ，結果として相続税も増加する可能性がある。 ・先代経営者が株式を所有したまま，認知症となってしまった場合には，議決権が行使できず経営に支障をきたす恐れがある。 ・遺言がない場合，自社株式を後継者が取得するためには相続人間で遺産分割協議が必要となるため，遺産分割の内容によっては経営者の意図しない者に自社株式が分散してしまう可能性がある。 ・相続で争いが生じないように後継者以外の相続人が相続する財産や，自社株式を相続する後継者の納税資金などを確保しておく必要がある。

2 事業承継税制（非上場株式についての相続税の納税猶予及び免除（措法 70 の 7 の 2））

相続人である後継者が，円滑化法の認定を受けている自社株式を相続等により取得した場合，事業の継続や株式の継続保有などの要件を満たせば，相続税が猶予・免除されます。

詳細は第 5 章 7 をご参照ください。

第4章 非上場株式の評価方法

この章では，譲渡や贈与・相続などで用いる非上場株式の評価方法を確認します。非上場株式は，上場株式のように取引市場が存在しないため，時価を容易に把握することができません。また，一般的に買い手を見つけることは容易ではなく，売買することを目的としていないため換金性が低い財産といえます。しかし，非上場株式であっても同族間や利害関係者間で株式を移転する際には，「時価」を求めなければならない場面が多々あります。税務上は国税庁が定めた「財産評価基本通達」の「取引相場のない株式等の評価」に基づいた時価評価がベースになるため，評価の仕組みを理解することが重要です。

1 財産評価基本通達による評価方法

非上場株式の評価を行うにあたり，誰が株主かによってその評価方法が異なります。同族株主グループの場合は原則的評価方式，少数株主グループの場合は特例的評価方式で計算することとなりますが，いずれの評価方式によるべきかは，自社に対する支配権，すなわち「議決権」に応じて株主判定が行われ決定されます。これを整理すると下図のようになります。

図表 4-1　株主の判定

<table>
<tr><th colspan="5">株主の態様による区分</th><th rowspan="2">評価方式</th></tr>
<tr><th>会社区分</th><th colspan="4">株主区分</th></tr>
<tr><td rowspan="6">同族株主のいる会社</td><td rowspan="5">同族株主（議決権割合の合計が30％以上又は50％超の株主グループ※1）に属する株主</td><td colspan="3">取得後の議決権割合５％以上</td><td rowspan="4">原則的評価方式※4</td></tr>
<tr><td rowspan="4">取得後の議決権割合５％未満</td><td colspan="2">「中心的な同族株主※2」（25％以上）がいない</td></tr>
<tr><td rowspan="3">「中心的な同族株主」（25％以上）がいる</td><td>中心的な同族株主に属する株主</td></tr>
<tr><td>役員である株主又は役員となる株主（平取締役除く）</td></tr>
<tr><td>その他の株主</td><td rowspan="2">特例的評価方式</td></tr>
<tr><td colspan="4">同族株主以外</td></tr>
<tr><td rowspan="5">同族株主のいない会社</td><td rowspan="4">議決権割合の合計が15％以上の株主グループに属する株主</td><td colspan="3">取得後の議決権割合５％以上</td><td rowspan="3">原則的評価方式※4</td></tr>
<tr><td rowspan="3">取得後の議決権割合５％未満</td><td colspan="2">「中心的な株主※3」（10％以上）がいない</td></tr>
<tr><td rowspan="2">「中心的な株主」（10％以上）がいる</td><td>役員である株主又は役員となる株主（平取締役除く）</td></tr>
<tr><td>その他の株主</td><td rowspan="2">特例的評価方式</td></tr>
<tr><td colspan="4">議決権割合の合計が15％未満のグループに属する株主</td></tr>
</table>

※１　株主グループ：配偶者，六親等内血族，三親等内姻族，事実婚・使用人等，これらの者が議決権50％超を有している会社（子会社，孫会社等を含む）
※２　中心的な同族株主：配偶者，直系血族，兄弟姉妹，一親等内姻族，これらの者が議決権25％以上を有している会社により25％以上保有
※３　中心的な株主：「単独」で議決権10％以上保有
※４　所属する株主グループが50％以下の場合には，純資産価額に対して20％評価減を適用できる（ただし，大会社・開業前・休業中等は利用できない）

1　原則的評価方式

原則的評価方式は，類似業種比準価額方式，純資産価額方式，その折衷方式がありますが，どの方式で評価するかは対象会社の会社規模によって異なります。会社規模の判定は，総資産，従業員数，取引金額の３つの要素で行い，その会社規模により定められた折衷割合を用いて類似業種比準価額方式

と純資産価額方式によって評価をします。

ただし，休業中，開業後３年未満の会社，比準要素０の会社，株式等保有特定会社，土地保有特定会社等に該当する場合には，原則として純資産価額方式により評価を行います。一般に，類似業種比準価額方式よりも純資産価額方式の方が株価が高くなることが多いため，特定会社等に該当している場合は評価額が高額になっていることがあります。

図表 4-2　会社規模と折衷割合

会社規模に応じて，いずれか低い金額

- 大会社：　純資産　又は　類似
- 中会社の大：　純資産　又は（類似 ×0.9＋ 純資産 ×0.1）
- 中会社の中：　純資産　又は（類似 ×0.75＋ 純資産 ×0.25）
- 中会社の小：　純資産　又は（類似 ×0.6＋ 純資産 ×0.4）
- 小会社：　純資産　又は（類似 ×0.5＋ 純資産 ×0.5）
- 比準要素数1の会社：　純資産　又は（類似 ×0.25＋ 純資産 ×0.75）
- 株式保有特定会社：　純資産　又は「S1＋S2方式」
（総資産に占める株式等の保有割合50%以上）

図表 4-3　会社規模の判定

<table>
<tr><td rowspan="11">判定基準</td><td colspan="4" rowspan="2">㋣　直前期末以前１年間における従業員数に応ずる区分</td><td colspan="5">70 人以上の会社は，大会社（㋠及び㋷は不要）</td></tr>
<tr><td colspan="5">70 人未満の会社は，㋠及び㋷により判定</td></tr>
<tr><td colspan="4">㋠　直前期末の総資産価額（帳簿価額）及び直前期末以前１年間における従業員数に応ずる区分</td><td colspan="3">㋷　直前期末以前１年間の取引金額に応ずる区分</td><td colspan="2" rowspan="3">会社規模とLの割合（中会社）の区分</td></tr>
<tr><td colspan="3">総資産価額（帳簿価額）</td><td rowspan="2">従業員数</td><td colspan="3">取引金額</td></tr>
<tr><td>卸売業</td><td>小売・サービス業</td><td>卸売業，小売・サービス業以外</td><td>卸売業</td><td>小売・サービス業</td><td>卸売業，小売・サービス業以外</td></tr>
<tr><td>20 億円以上</td><td>15 億円以上</td><td>15 億円以上</td><td>35 人超</td><td>30 億円以上</td><td>20 億円以上</td><td>15 億円以上</td><td colspan="2">大会社</td></tr>
<tr><td>4 億円以上
20 億円未満</td><td>5 億円以上
15 億円未満</td><td>5 億円以上
15 億円未満</td><td>35 人超</td><td>7 億円以上
30 億円未満</td><td>5 億円以上
20 億円未満</td><td>4 億円以上
15 億円未満</td><td>0.90</td><td rowspan="3">中会社</td></tr>
<tr><td>2 億円以上
4 億円未満</td><td>2 億 5,000 万円以上
5 億円未満</td><td>2 億 5,000 万円以上
5 億円未満</td><td>20 人超
35 人以下</td><td>3 億 5,000 万円以上
7 億円未満</td><td>2 億 5,000 万円以上
5 億円未満</td><td>2 億円以上
4 億円未満</td><td>0.75</td></tr>
<tr><td>7,000 万円以上
2 億円未満</td><td>4,000 万円以上
2 億 5,000 万円未満</td><td>5,000 万円以上
2 億 5,000 万円未満</td><td>5 人超
20 人以下</td><td>2 億円以上
3 億 5,000 万円未満</td><td>6,000 万円以上
2 億 5,000 万円未満</td><td>8,000 万円以上
2 億円未満</td><td>0.60</td></tr>
<tr><td>7,000 万円未満</td><td>4,000 万円未満</td><td>5,000 万円未満</td><td>5 人以下</td><td>2 億円未満</td><td>6,000 万円未満</td><td>8,000 万円未満</td><td colspan="2">小会社</td></tr>
<tr><td colspan="9">・「会社規模とＬの割合（中会社）の区分」欄は，㋠欄の区分（「総資産価額（帳簿価額）」と「従業員数」とのいずれか下位の区分）と㋷欄（取引金額）の区分とのいずれか上位の区分により判定します。</td></tr>
</table>

類似業種比準価額方式による計算は，評価しようとする会社と事業内容が類似する業種の業種目に属する複数の上場会社の株価の平均値に，評価会社と類似業種の１株あたりの配当金額，年利益金額，純資産価額を乗じて計算する方法です。

純資産価額方式は，課税時期において会社を清算したと仮定した場合の１株あたりの純資産価額を相続税評価額で算定する方法です。

図表 4-4 〉類似業種比準価額方式と純資産価額方式

類似業種比準価額方式

（類似した上場会社の株価に比準させる評価方法）

$$\text{類似業種株価} \times \frac{\dfrac{\text{評価会社の}\textbf{配当}}{\text{類似業種の配当}} + \dfrac{\text{評価会社の}\textbf{利益}}{\text{類似業種の利益}} + \dfrac{\text{評価会社の}\textbf{簿価純資産}}{\text{類似業種の簿価純資産}}}{3} \times \underset{\text{斟酌率}}{\begin{pmatrix} 0.7\text{（大会社）} \\ 0.6\text{（中会社）} \\ 0.5\text{（小会社）} \end{pmatrix}}$$

純資産価額方式

（会社の資産価値に着目した評価方法）

<table>
<tr><td rowspan="3">資産の相続税評価額</td><td>負債</td></tr>
<tr><td>「含み益」×37%」を控除</td></tr>
<tr><td>純資産価額</td></tr>
</table>

2 特例的評価方式

特例的評価方式は，配当還元方式によって評価します。これは少数株主にとっての株式を保有する価値である配当に着目した評価となっています。過去２期の平均配当金額を基に計算します。ただし，「配当還元方式＞純資産価額方式」の場合には純資産価額方式で評価額を算出します。

図表 4-5 〉配当還元方式の評価

$$\frac{\text{年平均配当額}^{※1}}{10\%} \times \frac{\text{1株当たり資本金等の額}^{※2}}{50\text{円}} = \text{配当還元価額}$$

※1　1株あたり資本金等の額を50円として計算した，1株当たりの直前期以前2年間の年平均配当金額（2円50銭未満の場合は2円50銭）
※2　自社の実際の一株当たり資本金等の額（≒額面金額）

2　株価引下げの主なアプローチ

1　会社規模・特定会社へのアプローチ

会社規模の引き上げにより類似業種比準価額方式の折衷割合を増加させる方法です。株式評価が高い会社は，一般的に過去の利益蓄積が大きいことが要因となっており，類似業種比準価額のほうが純資産価額よりも低い評価になることが多いためです。総資産や従業員数，又は売上を増大させ，小会社を中会社へ，中会社を大会社へと会社規模を引き上げることができれば，類似業種比準価額の折衷割合が高まり，株価引下げや株価上昇の抑制につながる可能性があります。

また，比準要素１の会社や株式等保有特定会社に該当している場合は，少額の配当を毎期出すようにすることや，資産購入・事業移転などにより，一般の評価会社に該当できることがあります。

2　類似業種比準価額方式へのアプローチ

類似業種比準価額は，「類似業種株価」及び「配当」「利益」「簿価純資産」の計４要素から構成されています。これら４つの要素へアプローチすることで評価額に影響を与えます。

「類似業種株価」は外的な要因のため，アプローチは難しいところではありますが，例えば複数の事業を営んでいるケースでは，分社化などで業種変更も検討できます。また，譲渡や贈与のタイミングについて，上場株価の低い時期を選択することでも評価を下げられます。

「配当」は支給を減額や停止することで株価が下がります。「利益」は４つの要素の中では最もアプローチしやすい項目です。退職金の支給，含み損の実現，特別償却などで利益を引き下げることで株価対策ができます。「簿価純資産」は，含み損益が考慮されないため，過去からの利益の蓄積になります。退職金の支給，含み損の実現などの損失計上により簿価純資産は減少します。ただし，過度な簿価純資産の引下げは財務も傷つくことになるので株価対策に焦点を当てすぎるのは危険です。

3 純資産価額方式へのアプローチ

純資産価額方式は，会社の資産負債を相続税評価額により評価した純資産価額となります。そのため，資産の費用化（滞留在庫の処分，債権放棄）や，「時価＞相続税評価額」となる資産の取得（不動産等）により純資産価額方式における評価額の引下げが期待できます。なお，不動産の取得は，取得から３年間は時価（帳簿価額）で評価されるため，３年経過後でしか評価額の引下げ効果は得られません。

3 株式譲渡時の時価評価

1 概要

非上場株式については，M&Aなどの純然たる第三者間取引において成立する取引価額を除いて，取引の形態や株主の構成により，課税上問題が生じない適正な時価は異なります。株式を売買する際に，税務上の価額と乖離した金額で譲渡を行うと思いもよらぬ課税を受けることがありますので，そのようなことにならないよう税務リスクに留意して価額を決定していく必要があります。

特に留意すべきは「みなし譲渡課税（所法59）」と「みなし贈与課税（相法9)」です。低い価額で譲渡したことで，トリプル課税（売り手，買い手，株主の３者に課税）が生じることもあります。みなし譲渡課税は，個人が法人に対して時価の２分の１未満の価額で譲渡した場合に，実際の譲渡価額ではなく「時価」で譲渡したものとして課税するものです。また，みなし贈与は，著しく低い価額で譲渡があった場合に，同族会社の株式等の価額が増加したときは，その株主等が当該株式等の価額のうち増加した部分に相当する金額を贈与によって取得したものとして贈与税が課税されるという規定です。

また，税務上の価額も１つではありません。個人間売買や贈与・相続の場合は，相続税法上の時価（財産評価基本通達による評価方法）を基に課税されますが，個人法人間売買や法人間売買の場合は，法人税法上の時価（法基通9-1-14）や所得税法上の時価（所基通59-6）を使用します。

2　法人税法上の時価と所得税法上の時価

法人税法上の時価や所得税法上の時価とは，それぞれ通達において次の区分に応じて算出することが定められています。

①　売買実例のあるもの
　６か月以内（もしくは最近）において売買されたもので適正と認められる価額
②　公開途上にある株式
　公募等の価格等を参酌して通常取引されると認められる価額
③　類似する他の法人の株式の価額があるもの
　その価額に比準して推定した価額
④　①～③以外
　純資産価額等を参酌して通常取引されると認められる価額

一般的に，非上場株式は上記の④に該当し，課税上弊害がない限り，次のⅰ～ⅲによることを条件として財産評価基本通達に準じて評価することになっています。

ⅰ．「中心的な同族株主」に該当するときは，「小会社」として評価する

ⅱ．土地又は上場有価証券は時価評価とする

ⅲ．評価差額に対する法人税等相当額は控除しない

なお，所得税法上の時価の算定にあたり，「同族株主」に該当するか否かの判定は，譲渡直前の議決権の数で行うことに留意が必要です。

図表 4-6 〉非上場株式における時価の種類

（前提）原則的評価額（相続税評価額（以下「相評」と記載））を 1,000 円，法人税法上の時価（以下「法評」と記載）及び所得税法上の時価（以下「所評」と記載）を 1,500 円，特例的評価額（配当還元価額（以下「特例」と記載））を 200 円と仮定します。

【個人➡個人売買】

<table>
<tr><th></th><th>売手
【個人】</th><th>買手
【個人】</th><th>課税が生じない取引価額</th><th>説明</th></tr>
<tr><td>株主区分</td><td>同族株主</td><td>同族株主</td><td rowspan="2">1,000 円</td><td rowspan="8">個人間取引の場合，留意すべきは買手側の時価です。買手にとっての時価より低額で買い取った場合，買手に贈与税課税が生じるためです。
売主は，時価より低い価額で譲渡をしても，売却対価をもって譲渡所得を計算します。</td></tr>
<tr><td>評価額</td><td>1,000 円　相評</td><td>1,000 円　相評</td></tr>
<tr><td>株主区分</td><td>少数株主</td><td>少数株主</td><td rowspan="2">200 円</td></tr>
<tr><td>評価額</td><td>200 円　特例</td><td>200 円　特例</td></tr>
<tr><td>株主区分</td><td>同族株主</td><td>少数株主</td><td rowspan="2">200 円</td></tr>
<tr><td>評価額</td><td>1,000 円　相評</td><td>200 円　特例</td></tr>
<tr><td>株主区分</td><td>少数株主</td><td>同族株主</td><td rowspan="2">1,000 円</td></tr>
<tr><td>評価額</td><td>200 円　特例</td><td>1,000 円　相評</td></tr>
</table>

【個人➡法人売買】

<table>
<tr><th></th><th>売手
【個人】</th><th>買手
【法人】</th><th>課税が生じない取引価額</th><th>説明</th></tr>
<tr><td>株主区分</td><td>同族株主</td><td>同族株主</td><td rowspan="2">1,500 円</td><td rowspan="8">個人が法人に対して，時価の 2 分の 1 未満で資産を譲渡すると，時価で譲渡したものとみなして所得税が課税されます。
法人は時価よりも低い価額で購入した場合，差額について受贈益課税が生じます。</td></tr>
<tr><td>評価額</td><td>1,500 円　所評</td><td>1,500 円　法評</td></tr>
<tr><td>株主区分</td><td>少数株主</td><td>少数株主</td><td rowspan="2">200 円</td></tr>
<tr><td>評価額</td><td>200 円　特例</td><td>200 円　特例</td></tr>
<tr><td>株主区分</td><td>同族株主</td><td>少数株主</td><td rowspan="2">750 円
～1,500 円</td></tr>
<tr><td>評価額</td><td>1,500 円　所評</td><td>200 円　特例</td></tr>
<tr><td>株主区分</td><td>少数株主</td><td>同族株主</td><td rowspan="2">1,500 円</td></tr>
<tr><td>評価額</td><td>200 円　特例</td><td>1,500 円　法評</td></tr>
</table>

【法人➡個人売買】

	売手 【法人】	買手 【個人】	課税が生じない取引価額	説明
株主区分	同族株主	同族株主	1,500 円	法人は時価よりも低い価額で譲渡した場合，時価で譲渡したものとされ，寄付金（又は役員報酬）が生じます。 買主たる個人は，時価よりも低い価額で購入した場合，差額について所得税課税が生じる可能性があります。
評価額	1500 円　法評	1,500 円　所評		
株主区分	少数株主	少数株主	200 円	
評価額	200 円　特例	200 円　特例		
株主区分	同族株主	少数株主	1,500 円	
評価額	1,500 円　法評	200 円　特例		
株主区分	少数株主	同族株主	1,500 円	
評価額	200 円　特例	1,500 円　所評		

【法人➡法人売買】

	売手 【法人】	買手 【法人】	課税が生じない取引価額	説明
株主区分	同族株主	同族株主	1,500 円	法人は時価よりも低い価額で譲渡した場合，時価で譲渡したものとされ，寄付金が生じます。 法人は時価よりも低い価額で購入した場合，差額について受贈益課税が生じます。
評価額	1,500 円　法評	1,500 円　法評		
株主区分	少数株主	少数株主	200 円	
評価額	200 円　特例	200 円　特例		
株主区分	同族株主	少数株主	1,500 円	
評価額	1,500 円　法評	200 円　特例		
株主区分	少数株主	同族株主	1,500 円	
評価額	200 円　特例	1,500 円　法評		

第5章 一般的な事業承継スキームの紹介

第５章では，一般的な事業承継スキームの紹介をしていきます。この章で紹介するスキームは，従業員承継等の企業内承継に使われる場合もありますが，親族内承継を目的として認知されている承継手法です。また，皆さんも一度は耳にしたことのある手法ではないでしょうか。

1 退職金を活用したスキーム

経営者の勇退時に退職金を支給することで会社の利益が圧縮されます。株価引下げの効果を得られることから，先代経営者から後継者へ株式を承継するタイミングと合わせて活用されることが多いスキームです。

類似業種比準価額方式の類似業種株価，配当，利益，簿価純資産の４要素のうち最もコントロールしやすい「利益」へのアプローチです。現金支出を伴うため会社の「純資産」も減少し，類似業種比準価額方式及び純資産価額方式の両方にインパクトを与えることになります。法人税法上，役員退職金を否認されないよう退職金規定や議事録，退職の事実などを整備した上で実行する必要があります。

【役員退職金の計算方法】
最終報酬月額×役員在任年数×功績倍率
《参考》功績倍率
社長 3.0　専務 2.4　常務 2.2　平取締役 1.8　監査役 1.6
（昭和 55 年 5 月 26 日　東京地裁）
※同規模同業他社の状況や退職金規程の整備も重要

図表 5-1　退職金スキームのメリット・デメリット

メリット	・退職金計上により株価が下がったタイミングで譲渡又は相続時精算課税制度などを活用して株価を固定化することで株式の承継コストを抑えられる。 ・退職金は退職所得控除が大きく２分の１課税となることから，先代経営者の課税負担が小さい（社会保険もかからない）。 ・自社株式以外の個人資産（退職金による現預金）が増加するため，非後継者へ残す資産の確保ができる。 ・多額の損金を計上できるタイミングとしては最適で，節税商品等とは異なり資金が外部へ流出するわけではなく法人から個人への資金移転に過ぎない。
デメリット	・会社から多額のキャッシュアウトが必要となるため，退職金の積立てをしていない場合は資金調達を検討しなければならない。 ・退職金支給により個人資産が増加するため，相続税の負担が増える可能性がある（別途贈与や保険などにより相続税対策可）。 ・退職金を支給した事業年度で贈与する場合は，類似業種比準価額の引下げ効果はない（死亡退職となった場合も同様）。 ・保険を解約して退職金支給する場合，利益圧縮の効果は薄まる。

2　賃貸不動産を活用したスキーム

財産評価において，法人が取得した不動産は取得から３年間は時価（帳簿価額）による評価を行いますが，３年経過後には固定資産税評価額や路線価に基づいた相続税評価額により評価を行います。都心の物件では時価と相続税評価額とが大きく乖離するケースがあり，賃貸不動産であれば，貸家建付地や貸家の評価によってさらに評価額を下げることが可能です。この時価と相続税評価額との差を利用したスキームです。

個人の相続対策では，相続財産として現金を所有することに替えて不動産を所有する方が相続税評価額を低く抑えられます。法人は，不動産を購入することで，購入から３年経過後には会社の相続税評価額に基づく純資産が圧縮されるため，純資産価額方式による評価額を抑え，株式評価が抑制されます（財基通 185）。

ただし，不動産の取得により新たに賃料収入が生じ借入返済が進んでいくため，長期的には株価は上昇していきます。株式の承継のタイミングとしては不動産取得から３年〜5 年くらいが最も効果を得られます。なお，行き過ぎた節税対策は，財産評価基本通達６項「この通達の定めによって評価することが著しく不適当と認められる財産の価額は，国税庁長官の指示を受けて評価する」という伝家の宝刀による否認リスクも心得ておかなければなりません。

図表 5-2〉法人の不動産賃貸スキームのイメージ

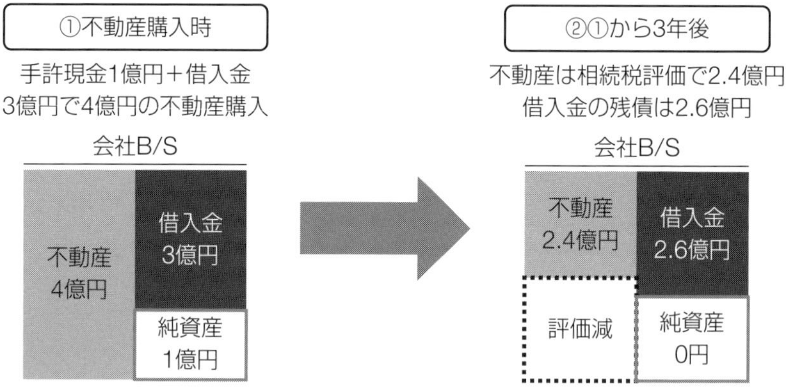

図表 5-3〉株価の推移

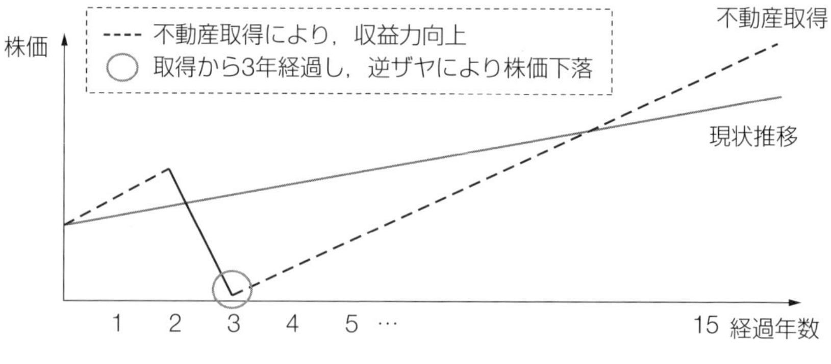

また，個人で保有する賃貸不動産がある場合，法人に移転して所得税対策や相続税対策を検討することもあります。一般的に譲渡後は譲渡対価が個人

の相続財産となり増加する可能性がありますが，長期的にみれば譲渡後の賃料収入の蓄積を個人から法人に移すことができるため財産の増加抑制効果があります。ただし，移転コスト等も考慮すると不動産の時価，帳簿価額，相続税評価額や固定資産税評価額次第で効果は大きく異なります。また，法人が不動産を保有することにより，個人は不動産を法人を通じて間接的に保有することになる，すなわち法人の株式に置き換わるため，贈与による移転がしやすくなります。

図表 5-4　賃貸不動産スキームのメリット・デメリット

メリット	・不動産を取得して３年経過後には逆ザヤにより純資産価額を抑制できる。 ・都心の物件であるほど逆ザヤは大きく，「小会社」や「中会社の小」の会社規模であれば株価への影響も大きい。
デメリット	・「大会社」は類似業種比準価額で評価できるため，純資産価額の方が低くならない限り評価の圧縮効果はない。 （「中会社の大」も効果は薄い） ・株価への影響が出るまで３年を経過する必要がある。 ・不動産投資のための資金調達が必要となる。 ・空室や価格下落などの不動産投資リスクは生じる。 ・過度な対策は６項否認のリスクがある。 ・長期的には借入返済が進み，株価は上昇していく。

3　暦年贈与スキーム

自社株式における対策方法は，評価額の引下げ（価値）と保有株式数の減少（量）の２つからなります。暦年贈与は，将来において経営者の相続財産となる自社株式数を減少させる目的で利用されることが多いスキームです。

暦年贈与の概要については先に述べたとおりですが，目先の相続対策として複数の親族へ暦年贈与を利用して対策しているケースも見受けられます。しかしその結果，自社株式を分散させてしまい，後継者の代になった際に株式の集約に悩まれていることが多いのも事実です。誰に贈与するかはよく検討した上で実施すべきでしょう。

なお，令和５年度税制改正により，相続時精算課税を選択した場合も110万円の基礎控除が創設されました。令和６年以降は相続時精算課税を選択し，基礎控除枠内で贈与していくこともできるようになります。

図表5-5 〉暦年贈与スキームのメリット・デメリット

メリット	・株式評価がそこまで高くない場合や，先代経営者が保有する株式が少ない場合，暦年贈与により無税もしくは相続税率よりも低い税率の贈与税負担により株式を承継できる。 ・年間110万円の範囲内で贈与する場合は，令和６年以降は相続時精算課税を選択すれば無税かつ相続時の持戻しも不要となる。
デメリット	・暦年贈与の場合，相続時において，一定期間の相続開始前の贈与は持戻しの対象となる。 ・贈与契約書や各種議事録など法務面の整備がされておらず贈与の実態もないと，名義株式として生前贈与がなかったものとされる場合がある。 ・自社株式を後継者以外の人へ分散させると，会社の意思決定がスムーズに行えなくなる。受贈者に相続が発生した場合には，その相続人へさらに自社株式が分散されてしまい後継者に集約することが非常に困難な状況となる。 ・譲渡制限が付されている場合にはその株主が会社に対して買取請求を起こすことも考えられ，会社はその株主と買取価格の協議を行い買取りに応じなければならない。買取請求の価格交渉が難航し裁判で争う場合，決定される買取価格は税務上の非上場株式の評価額よりも高額になるケースが多く，会社側で多額の資金流出を余儀なくされることもある。

4　ホールディングス（持株会社）スキーム

事業承継対策の1つとしてホールディングス会社（持株会社）設立があります。ホールディングス会社設立には，株式譲渡による方法と，株式移転や株式交換などの組織再編による方法があります。組織再編による方法は後述しますので，ここでは，一般的な事業承継スキームとして利用されている株式譲渡を前提とします。

株式譲渡による方法は，後継者が会社を新設し，その新設会社が株式を買い取ることで，ホールディングス会社化します。後継者が設立した会社が親会社となり，承継対象となる会社が子会社となることで，ホールディングス会社の株主である後継者が実質的に事業承継の目的となる会社を100％支配する関係性を作り上げるスキームです。一般的にホールディングス会社は銀行借入により調達した資金で株式を買い取り，その後既存の事業会社からの配当収入を原資として借入返済に充てます。又は，配当収入に替えて収益物件をホールディングス会社に譲渡又は現物分配し，その賃料収入をもって借入返済に充てるケースもあります。

図表5-6　ホールディングススキーム／含み益の37％カット

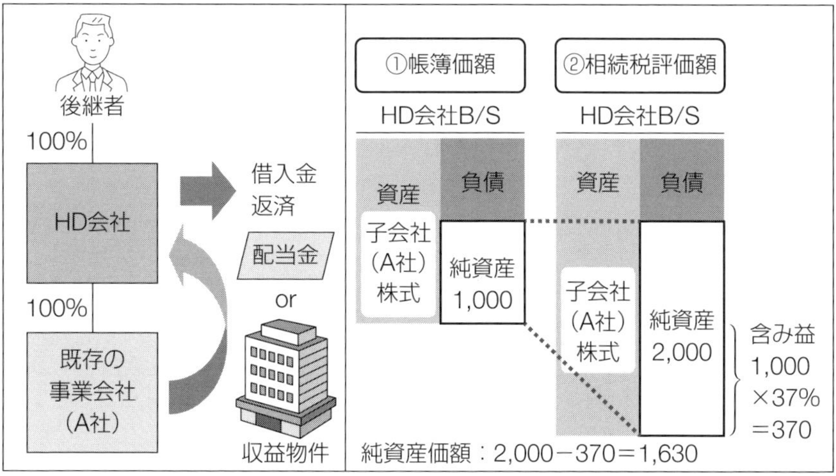

図表 5-7 〉ホールディングススキームのメリット・デメリット

メリット	・先代経営者が創業者利得を得られる。 ・後継者が新設した会社が銀行借入等により資金調達して株式を買い取るため，後継者個人の負担は小さくてすむ。 ・ホールディングス会社化により後継者が保有しているのはホールディングス会社（親会社）のみとなる。純資産価額の計算上，事業会社である子会社の利益蓄積はホールディングス会社にとって子会社株式の含み益となり，その含み益に対する法人税相当額 37 %を控除することができる（財基通 186-2）（図表 5-6）。 ・ホールディングス会社が株式等保有特定会社に該当しない場合，類似業種比準価額の計算上は子会社の株式評価の影響を受けない。 ・グループ法人税制の適用により完全支配関係がある法人からの配当は全額益金不算入となるため，税負担なく子会社から配当や資産移転を受けて借入返済に充てることができる（法法 23）。
デメリット	・先代経営者に譲渡所得税等が生じる。また株式譲渡対価の資金が入るため，相続財産は増加する可能性がある。 ・新設法人が買い取る株式の評価額は法人税法上の時価になるため，相続税評価額が適用される個人間売買に比べ，一般的に株式買取の資金負担が大きくなる。 ・新たに法人を設立するため，均等割，登録免許税，その他ランニングコストが生じる。 ・ホールディングス会社の設立後 3 年間は，開業後 3 年未満の会社として純資産価額による評価となる。また，株式等保有特定会社に該当する場合も原則として純資産価額による評価となる。

5　従業員持株会を活用したスキーム

保有株式数の減少（量）の対策として，従業員持株会を導入するスキームです。従業員持株会へ株式を譲渡する際の株価は，特例的評価額である「配当還元価額」とすることができるため，譲渡所得税等の負担も小さく，保有株数が減少することで相続税対策となります。

オーナーのトップダウン経営ではなく，従業員にも経営に参画させたいというようなケースでは，相続税対策のみならず従業員の勤労意欲向上も期待できます。持株会ではなく従業員個人に直接株式を保有させていることも散見されますが，退職時に株式を買取りできずに分散してしまい，集約に苦慮することもあるため，一定程度の従業員数がいる場合は持株会での運用の方が望ましいでしょう。

なお，従業員の経営参加とはいえ，オーナー経営者の議決権はしっかりと確保しておくべきです。種類株式を導入することで，一部の議決権を制限したり，無議決権化したりすることもできます。また，議決権を制限又は無議決にする代わりに，従業員には参加意欲を持ってもらうため，配当優先株式とすることもあります。

図表 5-8　従業員持株会のメリット・デメリット

メリット	・経営者の保有株式数が減るため，相続税対策になる。 ・持株会の規約で加入資格や買取額などを設計でき，退職時には持株会が買い取るように株式の引出を制限することで株式の社外流出を防止できる。 ・定期的な配当収受により，従業員の安定的な資産形成を行うことができる。 ・従業員が自社株式を保有することによって，自社の業績に関心を持つようになるため，勤労意欲向上が期待できる。
デメリット	・従業員持株会を組成するにあたって，規約やその他書類の整備・手続等が必要となる。 ・入会者が集まらないと持株会が成り立たない。 ・入退社が多い場合，事務手続が煩雑となる。 ・経営者が従業員持株会から株式を買い戻す場合，原則的評価額よりも低い価額で買い取る場合は贈与税負担が生じる。

6　DES（Debt Equity Swap）スキーム

DES とはデット・エクイティ・スワップの略で債務の資本（株式）化を意味します。

中小企業の多くは同族会社であり，株主と経営者の線引きが曖昧であることが往々にしてあります。それは資金の出所についても同様です。

中小企業は，節税のために経営者及びその配偶者や同族役員の給与を，会社の財務状況や資金状況からみて高額な設定にしていることもあります。この場合会社の運転資金が不足すれば経営者から会社に現金を融通して経営を行うことになります。会社で支払うべき費用を経営者が立て替えて支払を済ませることもあるでしょう。

これらは会計上，役員借入金として負債に計上されます。一方で，経営者にとっては会社に対する貸付金として額面金額が相続財産になります。会社が返済していけるような財務体質であればよいのですが，回収の目途が立っていないことがほとんどです。

このような場面で利用されるのが債務を株式化するDESです。貸付金（債権）を現物出資して資本に組み入れます。会社は負債から資本に変わるため財務改善につながります。一方，経営者個人は額面金額でしか評価ができなかった貸付金はなくなり，株式に変わります。株式評価で類似業種比準価額が使えると「貸付金評価＞株式評価」となり相続財産の評価抑制が期待できます。

なお，債務超過会社の場合，債務免除益に留意しなければなりません。現物出資は時価で受け入れることになるため，貸付金の回収見込みがなく，債権の時価が額面を下回る場合はその差額について債務免除益が生じることがあります。これを回避する方法として，実務上は「疑似DES」，すなわち現物出資ではなく金銭による増資を行い，その増資で得た資金で借入金を返済する（又は会社が銀行より借入して役員借入金を返済し，その返済された資金で増資する）という方法をとることが多いです。債務超過会社で疑似DESを実行しても純資産がプラスにならない場合，株式の評価はゼロ円のままです。単純に貸付金が相続財産から減少することになります。

ただし，過度な相続税の節税については，同族会社等の行為又は計算の否認規定（相法64①）の適用を受ける可能性がありますので留意しましょう。

図表5-9　DESのイメージ

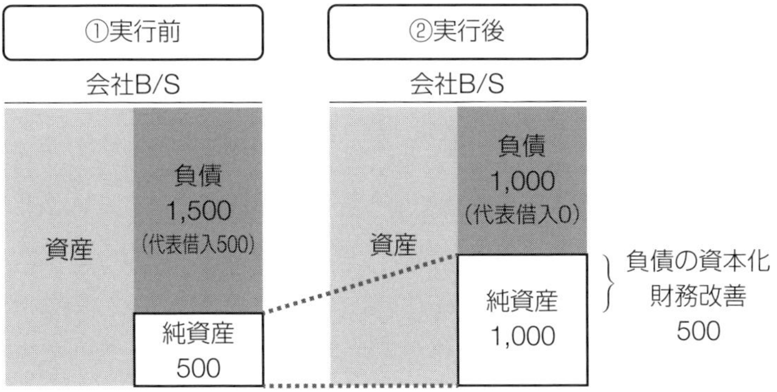

図表5-10　DESスキームのメリット・デメリット

メリット	・会社にとっては，借入金という負債が資本に変わるため財務の健全化が図られる。 ・経営者にとっては，貸付金から株式へ相続財産を変化させることができ相続財産の評価圧縮が期待できる。また，株式であれば，株価引下げ対策を別途講じることもできる。
デメリット	・貸付金から株式に変わると，換金が難しくなる。 ・既に後継者へ株式を承継している場合，先代経営者に株式が交付されるため，再度株式承継が必要になる。 ・会社の資本が増加するため，増資時に登録免許税が生じ，均等割の負担も増す可能性がある。また，資本金が1億円を超える場合は中小企業の税制優遇を受けられず，外形標準課税の適用を受ける。 ・適正な価額で株式を発行しないと，株主間での利益移転が生じる。 ・現物出資型のDESを行う場合には，会社の財務状況によって債務免除益が生じる可能性がある。 ・債務免除益が生じて株式の価値が上昇する場合は，他の株主に対してみなし贈与のリスクが生じる（相法9）。

7　事業承継税制スキーム

1　制度概要（一般措置及び特例措置（措法70の7））

法人版事業承継税制は，後継者である受贈者・相続人等が，円滑化法の認定を受けた非上場会社の株式等を贈与又は相続等により取得した場合に，一定の要件を満たせばその非上場株式等に係る贈与税・相続税の納税を猶予し，さらに先代経営者又は後継者の死亡等によって納税が猶予されている贈与税・相続税が免除される制度です。

事業承継税制には一般措置と特例措置があります。平成30年度税制改正により，一般措置は維持したまま10年間限定で特例措置が創設されました。よって平成30年1月1日から令和9年12月31日までは2種類の事業承継税制が併存することとなります。

特例措置については，事前の計画策定等や適用期限が設けられていますが，納税猶予の対象となる非上場株式等の制限（総株式数の最大3分の2まで）が撤廃されていること，納税猶予割合の引上げ（80％から100％）がされていることなどから，特例措置を適用した事業承継税制の活用を検討している会社も多いのではないでしょうか。一般措置と特例措置の内容は図表5-12のとおりです。リスクが大きかった雇用確保要件についても，雇用が8割を下回った場合にその理由を記載した報告書を都道府県知事に提出し確認を受けることで，納税猶予が継続されることとなりました。

図表5-11 事業承継税制のイメージ

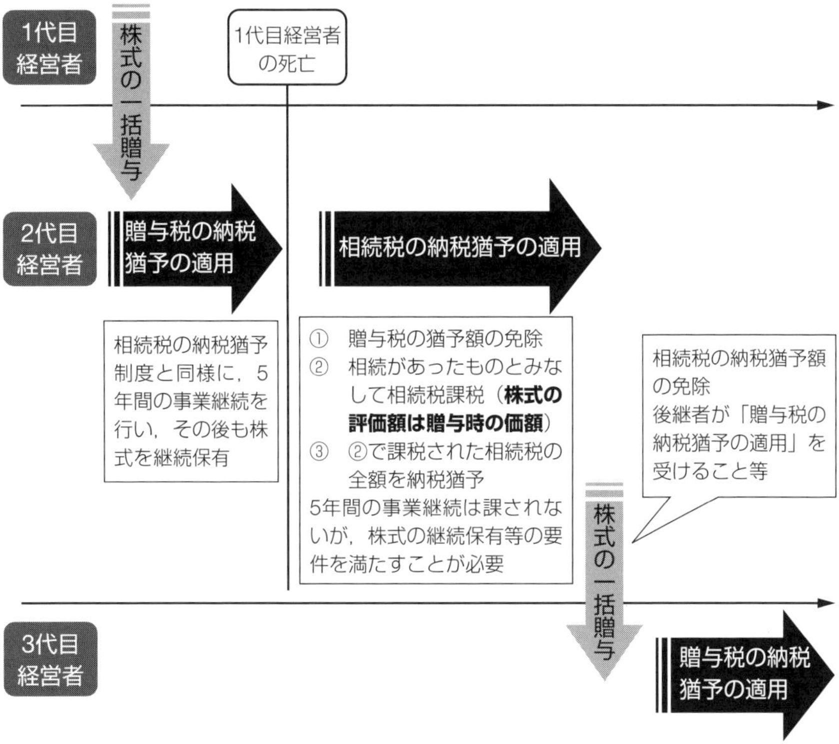

図表 5-12〉特例措置と一般措置の比較

	一般措置	特例措置
事前の計画策定等	不要	特例承継計画の提出 （平成 30 年 4 月 1 日から 令和 8 年 3 月 31 日まで）
適用期限	なし	次の期間の贈与・相続等 （平成 30 年 1 月 1 日から 令和 9 年 12 月 31 日まで）
対象株数	総株式数の最大 3 分の 2 まで	全株式
納税猶予割合	贈与：100 % 相続：80 %	100 %
承継パターン	複数の株主から 1 人の後継者	複数の株主から最大 3 人の後継者
雇用確保要件	承継後 5 年間 平均 8 割の雇用維持が必要	弾力化
事業の継続が困難な事由が生じた場合の免除	なし	あり
相続時精算課税の適用	60 歳以上の者から 18 歳以上の推定相続人（直系卑属）・孫への贈与	60 歳以上の者から 18 歳以上の者への贈与 ※直系卑属以外の者でも適用

(注)「18 歳」とあるのは，令和 4 年 3 月 31 日以前の贈与については「20 歳」となります。
(出典：中小企業庁「申請マニュアル」を一部加工)

2 事業承継税制の適用要件

事業承継税制の適用要件は大きく分けると会社要件，先代経営者要件，後継者要件の 3 つに大別されます（図表 5-13 参照）。

対象会社は，中小企業基本法に定める中小企業者のみに適用される制度ですので上場会社などには適用されません。先代経営者は，会社の代表権を有していたこと，承継の直前に同族関係者で 50 %超の議決権かつ同族内筆頭であることが要件です。また，贈与で株式を承継する場合には，贈与時点で会社の代表者を退いている必要があります。後継者は，相続の場合は相続開始前に会社の役員であり5か月以内に代表権を有する必要があります。贈与の場合，役員就任から3年以上が経過し代表権を有した者で，同族内筆頭となることが要件です。

事業承継税制は適用を受けるための細かい要件があるため，見落としがないようチェックは十分に行う必要があります。

図表 5-13　主な適用要件

項目	認定要件（特例措置）
対象会社要件	□中小企業者であること □上場会社等・風俗営業会社に該当しないこと □資産保有型会社又は資産運用型会社に該当しないこと □総収入金額が零を超えていること □常時使用従業員数が1人以上であること □特定特別子会社が，大会社，上場会社，風俗営業会社に該当しないこと □特例経営承継受贈者（相続人）以外の者が拒否権付株式を保有していないこと
先代経営者要件	□先代経営者がその会社の代表者であった期間内のいずれかの時及びその贈与直前（相続開始の直前）において，先代経営者と先代経営者の親族などで総議決権数の過半数を保有しており，かつ，これらの者の中で最も多くの議決権を有する者（後継者を除く）であったこと □会社の代表者であったこと □特例承継計画に記載された先代経営者であること □既に事業承継税制の適用に係る贈与をしていないこと（相続は，既に特例措置の適用に係る贈与をしていないこと） 〈贈与のみ〉 □贈与時に代表者を退任していること □一定数以上の株式等を贈与すること （後継者1人の場合） ①贈与者と後継者の保有議決権数が合わせてその会社の総議決権数の2/3以上である場合 ⇒贈与後の後継者の議決権数が2/3以上となるように贈与 ②贈与者と後継者の保有議決権数が合わせてその会社の総議決権数の2/3未満である場合

	⇒先代経営者が保有する議決権株式等の全てを贈与 （後継者２人又は３人の場合） 贈与後に，それぞれの後継者の議決権数が 10％以上であり，かつ，最後の贈与後に後継者が贈与者よりも多くの議決権数を有するように贈与
後継者要件	□贈与時（相続時）において，後継者とその者の親族などで総議決権数の過半数を保有していること □（後継者１人の場合）同族関係者の中で最も多くの議決権数を有していること □（後継者複数の場合）各後継者が 10％以上の議決権を有し，かつ，各後継者が同族関係者のうちいずれの者が有する議決権の数をも下回らないこと □取得した株式等を継続して保有していること □その会社の株式等について，一般措置の特例を受けていないこと □特例承継計画に記載された後継者であること 〈相続のみ〉 □相続開始の直前において役員であり（先代経営者が 60 歳未満で死亡した場合（令和３年４月１日以後の相続については，先代経営者が 70 歳未満で死亡した場合又は相続発生前に確認を受けた特例承継計画に特例後継者として記載されている場合）を除く），相続開始から５か月後に代表者であること 〈贈与のみ〉 □贈与時に 18 歳以上（令和３年３月 31 日以前の贈与は 20 歳以上）であること □贈与時に代表者であること □贈与の直前において３年以上役員であること

3　認定の取消し・免除について

事業承継税制では，一定の要件を満たさなくなった場合，原則として，納税猶予の適用が打ち切られ，その該当することとなった日から２か月を経過する日までに猶予税額と利子税を納付する必要があります。最大のリスクであった５年間平均８割の雇用確保要件が特例措置で実質的に撤廃されたことで，事業承継税制は活用しやすくなったとはいえるものの，認定が取り消された場合のインパクトはとても大きいため，打ち切り事由は常に留意しておかなければなりません。

一方で，以下のいずれかに該当した場合は，猶予されていた贈与税・相続税が免除されます。なお，③〜⑤については，原則，認定から５年経過後に限り免除されます。

① 後継者の死亡
② 先代経営者の死亡（相続税の課税対象となる）
③ 会社の倒産
④ 次の後継者へ贈与
⑤ 同族関係者以外の者に株式等を全部譲渡した場合（譲渡対価等を上回る税額を免除）

図表 5-14〉納税が猶予されている贈与税・相続税の認定取消事由

【贈与税納税猶予制度の確定事由】

事由		認定から５年間	５年経過後
先代経営者（贈与者）の要件	1. 再び認定承継会社の代表者になった場合	A	—
	2. 先代経営者（贈与者）が死亡した場合	免除	免除
後継者（受贈者）の要件	1. 認定承継会社の代表者を退任した場合	A ※１	—
	2. 議決権同族過半数要件を満たさなくなった場合	A	—
	3. 同族内筆頭要件を満たさなくなった場合	A	—
	4. 納税猶予対象株式を譲渡した場合	A	B
	5. 次の後継者（3 代目）に対して納税猶予の認定を受ける贈与をした場合	免除※２	免除
	6. 自発的な猶予の取消申請をした場合	A	A
	7. 後継者（受贈者）が死亡した場合	免除	免除
会社の要件	1. 雇用の平均８割維持要件を満たせなかった場合に，実績報告を行わなかったとき	A	—
	2. 会社分割（吸収分割承継会社等の株式等を配当財産とする剰余金の配当があった場合に限る）	A	B
	3. 組織変更（認定承継会社の株式等以外の財産の交付があった場合に限る）	A	B

	4. 解散した場合	A	A
	5. 資産保有型会社・資産運用型会社に該当した場合	A	A
	6. 総収入金額ゼロに該当した場合	A	A
	7. 資本金・準備金を減少した場合（欠損填補目的等を除く）	A	A
	8. 合併により消滅した場合（一定の場合を除く）	A	B
	9. 株式交換・株式移転により完全子会社となった場合（一定の場合を除く）	A	B
	10. 上場会社・風俗営業会社に該当した場合	A	—
	11. 特定特別子会社が風俗営業会社に該当した場合	A	—
	12. 黄金株を特例措置の適用を受ける後継者以外の者が保有した場合	A	—
	13. 後継者の代表権・議決権を制限した場合	A	—
	14. 年次報告書や継続届出書を未提出又は虚偽の報告等をしていた場合　等	A	A

【相続税納税猶予制度の確定事由】

事由		認定から５年間	５年経過後
後継者（相続人）の要件	1. 認定承継会社の代表者を退任した場合	Ａ※１	—
	2. 議決権同族過半数要件を満たさなくなった場合	Ａ	—
	3. 同族内筆頭要件を満たさなくなった場合	Ａ	—
	4. 納税猶予対象株式を譲渡した場合	Ａ	Ｂ
	5. 次の後継者（３代目）に対し納税猶予の認定を受ける贈与をした場合	免除※２	免除
	6. 自発的な猶予の取消申請をした場合	Ａ	Ａ
	7. 後継者（相続人）が死亡した場合	免除	免除
会社の要件	1. 雇用の平均８割維持要件を満たせなかった場合に，実績報告を行わなかったとき	Ａ	—
	2. 会社分割（吸収分割承継会社等の株式等を配当財産とする剰余金の配当があった場合に限る）	Ａ	Ｂ
	3. 組織変更（認定承継会社の株式等以外の財産の交付があった場合に限る）	Ａ	Ｂ
	4. 解散した場合	Ａ	Ａ
	5. 資産保有型会社・資産運用型会社に該当した場合	Ａ	Ａ
	6. 総収入金額ゼロに該当した場合	Ａ	Ａ
	7. 資本金・準備金を減少した場合（欠損填補目的等を除く）	Ａ	Ａ
	8. 合併により消滅した場合（一定の場合を除く）	Ａ	Ｂ
	9. 株式交換・株式移転により完全子会社となった場合（一定の場合を除く）	Ａ	Ｂ
	10. 上場会社・風俗営業会社に該当した場合	Ａ	—
	11. 特定特別子会社が風俗営業会社に該当した場合	Ａ	—
	12. 黄金株を特例措置の適用を受ける後継者以外の者が保有した場合	Ａ	—
	13. 議決権を制限した場合	Ａ	—
	14. 年次報告書や継続届出書を未提出又は虚偽の報告等をしていた場合　等	Ａ	Ａ

Ａ…猶予されていた相続税の全額及び利子税を納付します。
Ｂ…猶予されていた相続税のうちの一部及び利子税を納付します。
※１　後継者に「やむを得ない理由」が生じた場合を除きます。
※２　後継者に「やむを得ない理由」が生じたことにより株式等の贈与をした場合に限ります。

（出典：中小企業庁「申請マニュアル」を一部加工）

図表 5-15 〉事業承継税制スキームのメリット・デメリット

メリット	・一定の要件を満たす場合には，全株式を税負担なく承継することができる（特例措置）。 ・先代経営者からの贈与又は相続以後，一定の期間内に行われた先代経営者以外の株主からの贈与や相続も対象となるため，要件を充足できれば税負担なく株式を集約することができる。 ・事業の継続が困難になり，株式譲渡・合併・解散により納税猶予が取消しになった場合には減免措置がある。 ・贈与の場合，株価の低い時期に相続時精算課税を併用して事業承継税制を活用することにより，納税猶予取消時における贈与税負担のリスクを軽減することができる（この場合，直系卑属でなくても精算課税の適用ができる）。
デメリット	・納税猶予を受けた株式を譲渡するなど一定の要件を満たさなくなった場合には，納税猶予された税額と利子税を併せて納付しなければならないためリスクが大きい。 ・事業承継税制を適用する場合に都道府県知事に認定を受ける必要があり手続が煩雑である。また納税猶予が免除されるまでは，一定の要件を維持していることを報告するために所轄税務署に「継続届出書」を提出し続ける必要があり事務負担が生じる（5 年間は都道府県庁へ「年次報告書」の提出も必要となる）。 ・さらに次の 3 代目の後継者への事業承継に際して，事業承継税制を選択しなければ猶予された税額が免除されない。 ・猶予税額及び利子税の額に見合う担保を提供する必要がある。 ・相続財産のうち自社株式の占める割合が高い場合には，後継者以外の相続人から遺留分侵害額請求を受ける可能性がある（除外合意，固定合意の検討が必要）。 ・納税猶予を受けた株式は，相続税の課税対象からは除外されず計算するため，株式評価額が高額であれば，後継者以外の相続人の相続税負担も大きくなる。

第6章

多様化する事業承継

1　事業承継＝親族内承継の時代は終わった

これまで，「事業承継」というと代々親から子へという親族内承継が主流でした。アイユーコンサルティンググループが携わっている事業承継案件の多くも親族内承継です。いわゆる「跡取り」は「暖簾を守る」，「先祖代々続く家業を継いでいく」という古き良き日本の文化の一つかもしれません。事実，世界で200年以上の歴史を刻んでいる企業の半数以上が日本企業であることを考えると，いかに日本の企業がうまく事業をつないできたのかがよくわかります。

図表6-1　世界の100年企業（左），200年企業（右）の企業数と比率

順位	国名	企業数	比率	順位	国名	企業数	比率
1位	日本	37,085	50.1％	1位	日本	1,358	65.2％
2位	米国	21,822	29.5％	2位	米国	265	12.4％
3位	ドイツ	5,290	7.1％	3位	ドイツ	223	10.5％
4位	英国	1,984	2.7％	4位	英国	81	3.8％
5位	イタリア	1,182	1.6％	5位	ロシア	38	1.8％
6位	オーストリア	649	0.9％	6位	オーストリア	34	1.6％
7位	カナダ	594	0.8％	7位	オランダ	17	0.8％
8位	フィンランド	474	0.6％	8位	ポーランド	16	0.8％
9位	オランダ	467	0.6％	9位	イタリア	14	0.7％
10位	オーストラリア	425	0.6％	10位	フランス	11	0.5％

（出典：日経BPコンサルティングが帝国データバンクorbisの企業情報（2022年9月調査）を基に作成したものを加工　https://consult.nikkeibp.co.jp/shunenjigyo-labo/survey_data/I1-06/）

さらにこれらの企業のほとんどが親族内承継で歴史を紡いできたことは特筆すべきことです。

ただ，近年の傾向として事業承継の件数に対する親族内承継の割合は減少傾向にあります。2006年以前までは親族内承継の割合が5割を超えており，中でも経営者の子に承継した割合は過半数以上に及んでいました。ところが2019年になると親族内承継を行う企業は4割程度まで減少しています。原因はいくつか考えられますが，職業選択の自由や少子化による後継者の不在，さらには子はいるが事業そのものを引き継がせたくない（つまり，事業の将来性がなく子に苦労をかけさせたくない）といった考えが背景にはあるようです。

図表6-2 〉形態別の事業承継の推移（1987年～2012年）

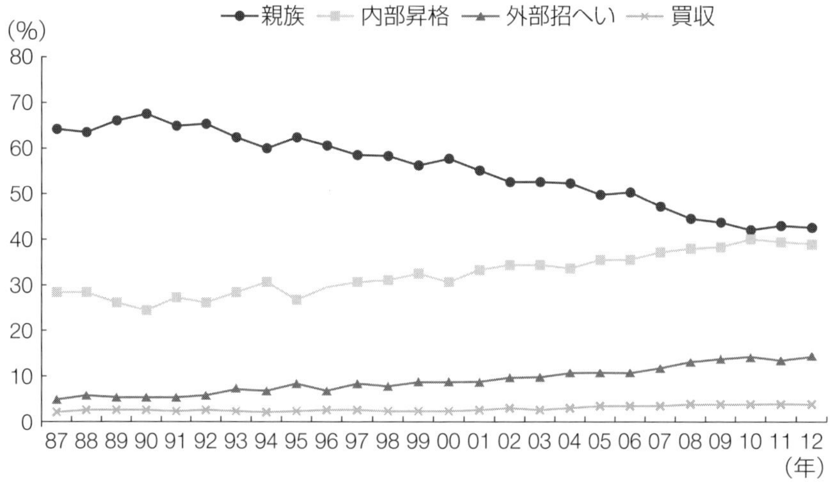

資料：(株)帝国データバンク「信用調査報告書データベース」,「企業概要データベース」再編加工。
約160万社の企業情報において，代表者の変更年（就任年）及び就任経緯が判明している企業のデータにより作成。(2012年で約15,000社)

（注）1. 承継形態が「創業者の再就任」,「分社化の一環」,「出向」並びに「不明」の企業は除いて集計している。
2. 「内部昇格」とは，経営者の親族以外の社内の役員や従業員が経営者に昇格することをいう。
3. 「外部招へい」とは，当該企業が能動的に外部から経営者を招くことをいう。
4. 「買収」とは，合併又は買収を行った企業側の意向により経営者が就任することをいう。
5. 就任経緯は企業の申告による。したがって，他の会社から転ずる形で今の会社に入り，何年か働いた後に経営者に昇格した者も「内部昇格」に含まれている可能性がある。

（出典：中小企業庁「2014年版中小企業白書」https://www.chusho.meti.go.jp/pamflet/hakusyo/H26/h26/index.html）

図表 6-3 〉事業を承継した経営者の先代経営者との関係（2017 年～2019 年）

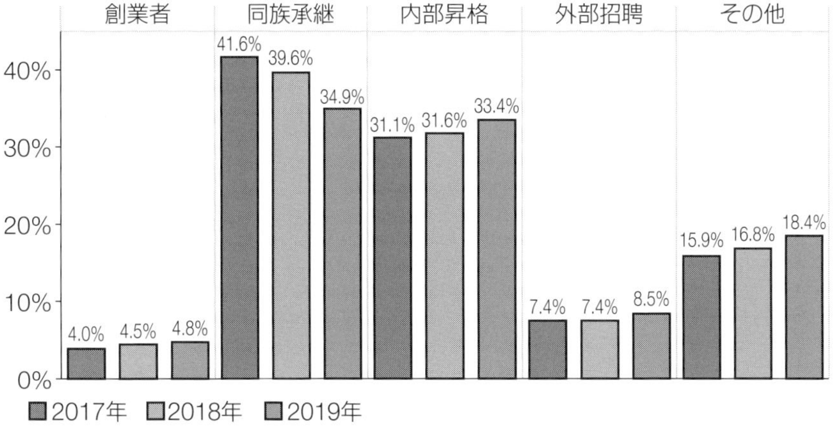

資料：(株)帝国データバンク「全国・後継者不在企業動向調査（2019年）」

（出典：中小企業庁「2020 年版　中小企業白書」https://www.chusho.meti.go.jp/pamflet/hakusyo/2020/chusho/b1_3_2.html）

図表 6-4 〉事業承継系 M&A の推移

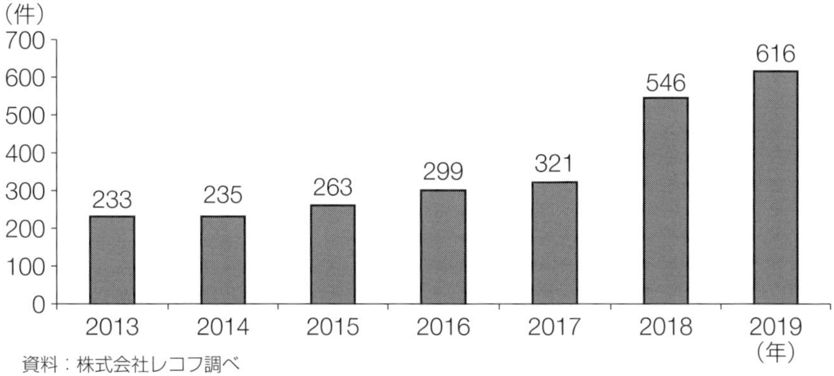

資料：株式会社レコフ調べ

（注）ここでいう事業承継系（オーナー，経営者，個人による売却）M&Aとは，オーナーや社長などが一定程度の株式を売却することと定義されている。

（出典：中小企業庁「2020 年版　中小企業白書」https://www.chusho.meti.go.jp/pamflet/hakusyo/2020/chusho/b1_3_2.html）

一方で，親族以外に承継させる選択をとる企業は徐々に増加傾向にあり，事業承継に対する選択の幅が広がったことも事実です。例えば親族外承継の代表格でもある M&A の件数はここ数年で 3 倍近くとなっており，それにつられるように M&A を専門とする上場企業 3 社の契約組数も大幅に増加の傾

図表 6-5 〉中小企業の M&A 実施状況

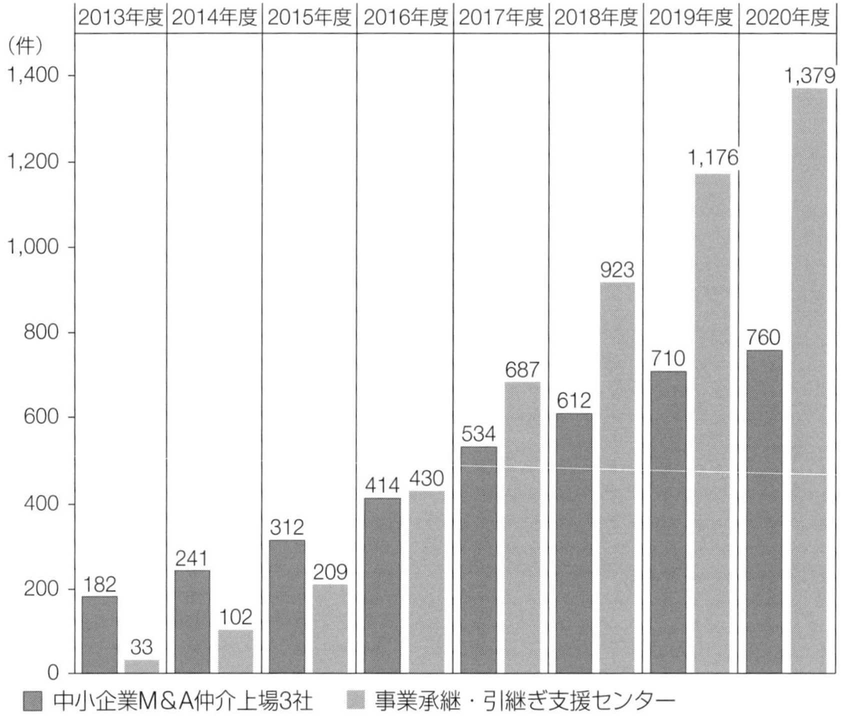

資料：中小企業庁「中小M&A推進計画」
（注）「中小企業M＆A仲介上場3社」とは，株式会社日本M＆Aセンター，株式会社ストライク，M&Aキャピタルパートナーズ株式会社について，集計したものである。
（出典：中小企業庁「2022 年版 中小企業白書」https://www.chusho.meti.go.jp/pamflet/hakusyo/2022/PDF/chusho/00Hakusyo_zentai.pdf）

向を示しています。

ちなみに余談ですが，我々税理士の業界でも事業承継は死活問題となっています。税理士業界の平均年齢は 60 代中盤といわれており，超高齢化の業界となっています（もちろん，新進気鋭の若い税理士事務所も多数存在します）。税理士業界の事業承継はなかなか進んでいない，というのがこの現状を表していますが，大きな再編の流れはすぐそこまで来ています。大手事務所が地方の税理士事務所を傘下におさめ戦略的に拡大を進めており，それに対抗するように同年代の税理士同士で合併をするケースも多く見られます。ただしその場合は，承継問題の根本的な解決はできておらず，すぐに次の事業承継問題が浮き彫りになることは必至です。

【税理士事務所の主たる事業承継手法（親族承継以外）】

- ・大手税理士法人の支店化（買収）
- ・同年代の税理士事務所同士の合併（経営統合）
- ・成長している税理士事務所との事業統合（吸収合併）
- ・税理士事務所ごとの得意分野を活かした合併（独立採算）

次節以降では，多様化する事業承継の類型について，そのメリット・デメリットも踏まえながら説明をしていきます。

2　事業承継の類型とメリット・デメリット

事業承継には後継者のパターン別に，大きく３つの類型が存在します。

・現経営者の親族が承継する「親族内承継」

・企業の役員や従業員が承継する「企業内承継」

・社外の第三者が承継する「第三者承継」

「親族内承継」は既出のとおりですが,「企業内承継」はMEBO（Management & Employee Buy Out＝マネジメント＆エンプロイー・バイ・アウト）が代表例です。また「第三者承継」には，M&AやIPO（Initial Public Offering＝イニシャル・パブリック・オファリング）といった代表的な手法があります。

事業承継の大まかな分類とそれぞれの特徴を表にすると，次のとおりとなります。

図表6-6 事業承継のパターン

類型	人的	物的	メリット	デメリット
親族内承継	・現経営者の親族（子，子の配偶者，甥，姪，兄弟姉妹等）	・自社株式の承継	・社内（従業員）や社外（取引先）から後継者が受け入れられやすい ・承継期間を長期間設けることができる ・会社を完全に手放さなくて済む ・所有と経営の分離を回避できる ・相続や贈与の活用	・後継者がいない場合がある（現実にいない場合と，経営意欲や経営資質の有無の問題） ・後継者候補が複数の場合，親族間の争いになる ・自社株式の移転費用や移転時の税負担
企業内承継	・役員 ・従業員	・自社株式の承継 ・事業性資産の承継	・現経営者は自社株式の対価として，投下資本の回収ができる ・長期間勤務している役員（又は従業員）であれば，引継ぎが容易で経営の安定性も確保される ・社内や社外から比較的受け入れられやすい ・後継者候補の選択肢が広がる ・後継者の経営権確保により，自由な裁量での経営が可能	・株式の買取り資力がないケースがある ・他の役員等の嫉妬や反感 ・相続や贈与といった選択肢がとりにくい ・会社に借入金がある場合，個人保証をする覚悟が必要
第三者承継（M&A）	・買収企業	・株式譲渡 ・事業譲渡 ・合併	・自社株式の譲渡金額を交渉することが容易になる ・現経営者は会社売却により，利益を獲得することができる ・承継相手の選択肢が広がる ・従業員の雇用継続により，従業員を守ることができる ・経営責任から完全に解放される ・承継相手のシナジー効果が期待できる	・承継相手をゼロから探す必要がある ・社内や社外への説明は，慎重かつ丁寧に行う必要がある ・経営理念，経営方針が変わっていく可能性がある

第三者承継（ＩＰＯ）	・投資家	・株式公開	・多額の資金調達をすることができる ・知名度や信用度が大幅にアップされ，新規取引や人材採用にとって有利に働く ・内部管理体制が強化される ・現経営者が株式売却により，大幅な利益を獲得することができる	・会社の価値向上に対するプレッシャー ・上場準備が長期間に及ぶ ・上場のための準備コストと上場後の管理コストの増大 ・買収リスクの増加 ・意思決定の鈍化や経営に対する自由度の制約

本節では，これらの手法やメリット・デメリットについて，詳しく説明していきます。

1　親族内承継

図表 6-7　親族内承継のイメージ

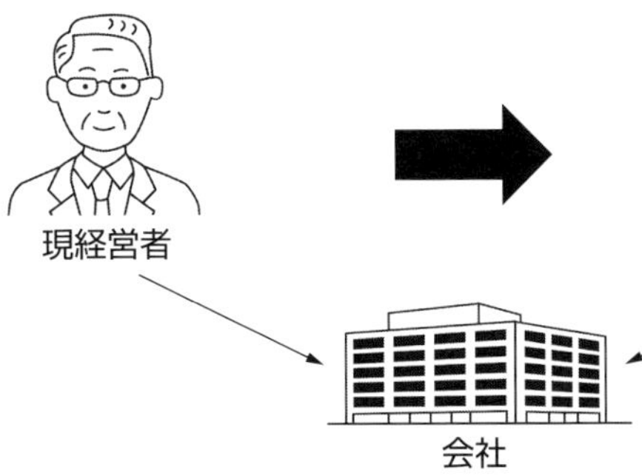

(1)　人的承継

親族内承継ですが，いわゆる事業承継といえば一番イメージされやすい承継方法ではないでしょうか？

中小企業の場合，そのほとんどが所有と経営が分離されておらず，「会社の株主」＝「経営者」という図式が成り立ちます。ゆえに親族内承継は，現経営者がその親族に事業を承継していく手法です。承継先は現経営者の子や子の配偶者，甥や姪，兄弟姉妹等になります。近年では減少傾向にあるのは前述のとおりですが，それでも全体の４割近くは親族内承継が占めており，重要な承継方法であることは変わりません。

現経営者の親族であることから，従業員や取引先といった企業の関係者からは受け入れやすい反面，後継者の経営者としての資質如何によっては企業価値を損ねる可能性もあるため，慎重に検討していく必要があります。

(2) 物的承継

中小企業においては自社株式の３分の２以上を経営者が所有することが望ましいと考えられています。特に経営環境の変化が著しい現代社会では，経営の判断スピードをより高めていくことこそ中小企業が生き残るためには不可欠なため，３分の２以上の確保が必須となります。そのため，親族内承継では自社株式を如何に次期後継者に承継していくかが重要となりますが，その際にいくつかの障壁が立ちはだかります。例えば，自社株式の移転費用や移転時の税負担の問題や親族間での争いの問題です。

親族内承継において自社株式を後継者に承継するためには，譲渡・贈与・相続のいずれかの手法となります。いずれの方法でも移転する際に大きな税負担が発生し，譲渡による株式の移動の際には多額の購入資金の負担が問題となります。特に優良企業になるほど自社株式の株価の評価額が高まる一方，換価性がほとんどないため，現経営者の所有資産に対する自社株式の割合が非常に高くなる傾向があります。その場合，後継者に自社株式を集中させると，他の相続人に渡すだけの財産が不足することになり，遺留分対策が必要になります。

図表 6-7 〉親族内承継のメリット・デメリット

メリット	・社内（従業員），社外（取引先）から後継者として受け入れられやすく，従業員の理解や協力が得られます。 ・早期に準備ができ，承継期間を長期間設けることができます。 ・会社を完全に手放さなくて済む（有事の際には，現経営者が会長や顧問という立場から経営に関与することができます）。 ・所有と経営の分離を回避できます。 ・相続や贈与を活用することができます。
デメリット	・後継者となりうる適任者が不在の場合があります（経営意欲の観点，経営資質の観点から）。 ・後継者候補が複数いる場合，親族間でトラブルに発展することがあります。 ・後継者以外の親族との相続トラブルが発生することがあります。 ・株式買取り資金の捻出や税金対策等が必要なケースがあります。

2　企業内承継（MEBO）

図表 6-8 〉MEBO のイメージ

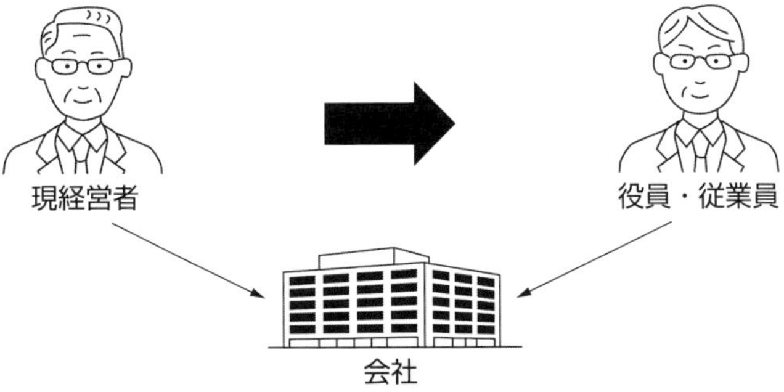

(1)　人的承継

MEBO を代表例とする企業内承継は，会社の役員や会社の従業員にそれぞれ自社株式を譲渡することで経営権を移譲し，事業の承継を行うことをいいます。後継者不在等により親族内承継の割合が減少する一方，生え抜きの役員や優秀な幹部社員が事業を承継する企業内承継は徐々に増加しており，近年では親族内承継と同じくらいの割合を占めるほどとなっています。

長期間その会社に勤務している役員や従業員であれば，他の従業員や取引先といった企業の関係者からも受け入れられやすく，比較的経営の承継もスムーズに行えます。特にその企業理念や企業風土，経営方針や事業内容などを正確に把握している役員（又は従業員）が経営を引き継ぐことは，完全に第三者へ売却する場合のM&Aと違って，より高い次元で従業員からの理解は得やすいのが大きなメリットになります。

一方，事業を引き継ぐ役員や従業員には，創業者一族ほど経営者としての意識や覚悟が高くない場合もあるため，早期に経営者としての意識づけやノウハウの伝授などといった後継者育成に取り組む必要性があります。さらに，いかに会社のことをよく知っている役員（又は従業員）が経営を引き継ぐといっても，親族外の第三者が事業を引き継ぐことに抵抗感を示す関係者が出てくる可能性も否定できません。他の創業者一族や金融機関，取引先などに親族外承継のことを事前に伝え，その反応を確認しておく必要もあります。

(2) 物的承継

企業内承継における財産の承継に関しては，大きく２つの観点から検討する必要があります。１つ目は自社株式の承継，２つ目は事業用資産の承継についてです。

まず，自社株式については親族内承継とは違い相続や贈与といった選択肢が少なく，株式は基本的に譲渡により引き継ぐ必要性があります。つまり経営権を獲得するためには，多額の資金を必要とする可能性が高いということです。特に業績の良い企業ほどその資金負担が顕著になります。後継者となる役員や従業員は，創業者一族ほど多額の個人財産を保有していないことがほとんどのため，この自社株式の取得資金をどのように確保するかが企業内承継を成功させるポイントとなります。また，後継者は自社株式をできるだけ安く買い取りたい一方，現経営者を含めた既存株主はできるだけ高く売却したいという利益相反取引となることも多いため，その妥協点をいかに見つけるかもポイントの一つです。

このように，親族内承継と違って後継者の資力確保という制約条件を満たしながら自社株式の承継を成功するためには，次のような手法が考えられます。

❶　株価の引き下げと資金繰り対策

・現経営者の役員退職金支給により株価を引き下げる。

・役員退職金を分割払いにすることにより，会社の資金繰りを緩和する。

❷　対価の支払方法の検討

・後継者の役員報酬等を引き上げて自社株式の買取資金に充当する。

・自社株式の買取資金を分割払いにする。

❸　種類株式による対策

・種類株式導入により後継者が買い取る一部の株式を議決権株式（その他は配当優先議決権制限株式）にして，後継者は100％の議決権を確保しつつ少ない買取資金で自社株式を取得する。

❹　その他の株主の検討

・後継者は過半数以上の自社株式を取得した上で，残りの自社株式は後継者を支える幹部役員や従業員持株会などが低額（配当還元株価）で取得する。

❺　持株会社の活用

・後継者が新会社を設立し，その会社で金融機関から株式取得資金を借入し，現経営者含む既存株主から自社株式を全て取得する。

❻　事業承継税制の活用

・平成25年度税制改正で改正された親族外の後継者も対象とした事業承継税制を活用する。

企業内承継における財産の承継の２つ目の観点である事業用資産の承継には，次のような点に注意する必要があります。ちなみに事業用資産とは，会社運営に必要な土地や建物等の不動産を指し，現経営者個人が所有する事業用資産をどのように承継するかを考えることは，安定した会社経営のためには必要不可欠となります。

基本的には，事業用資産については会社が買い取ることで安定した経営となるため，会社での買取りが前提となります。ただし，買取資金の流出により会社の財務健全性を損ねたり，現経営者が将来にわたって所得を確保するために事業用資産が必要であったりと，会社が事業用資産を買い取らない選択をすることが妥当な場合もあります。その場合は，現経営者と会社との間で賃貸借契約を結ぶことや賃料を見直す等の対策が必要となります。親族内承継と違って，新しい経営者と事業用資産の所有者が異なり，利害が対立するため，将来を見据えた手続をすることがお互いの権利を確保することにつながります。

図表6-9 MEBOのメリット・デメリット

メリット	・現経営者（既存株主）は，自社株式譲渡により投下資本を回収することができます。 ・後継者候補が長期間勤務している役員（又は従業員）であれば，引継ぎが容易であり経営の安定性も確保されます。 ・社内（従業員），社外（取引先）から後継者として受け入れられやすく，従業員の理解や協力が得られやすいです。 ・後継者候補の選択肢が広がります。 ・後継者は経営する権利を取得することで，自由な裁量での経営が可能となります。
デメリット	・自社株式を買い取る資金がないケースがあります。 ・他の役員等の嫉妬，反感を買うケースがあります。 ・相続や贈与といった選択肢がとりにくくなります。 ・対象会社に借入金がある場合，個人保証を負う覚悟が必要です。

3 第三者承継（M&A）

図表 6-10 〉M&A のイメージ

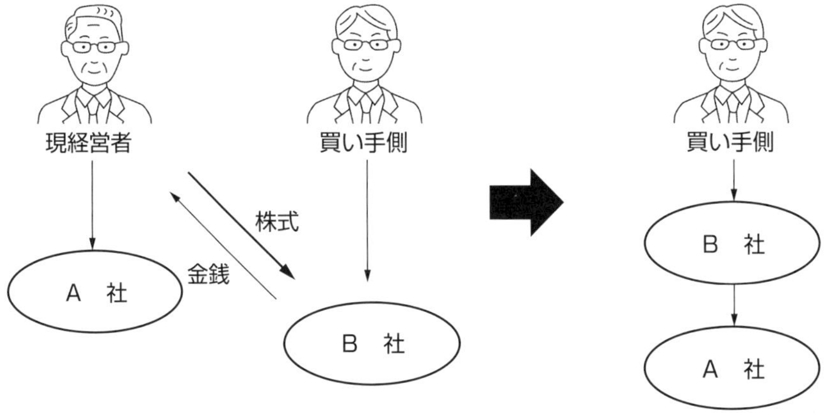

(1)　人的承継

親族内承継や企業内承継の適任者が不在の場合，第三者承継の代表格であるM&Aが検討されることもあります。M&Aは現経営者が所有する自社株式を譲渡する株式譲渡や，事業の一部や全部を譲渡する事業譲渡などの方法があります。

一般的にM&Aと聞くと，大企業が企業を買収して子会社化するような手法を思い浮かべ中小企業には縁がないと思われるかもしれませんが，近年では中小企業の事業承継では大きな活用方法の一つとなっています。以前は，M&Aはネガディブ（会社の身売り，経営責任からの逃避，敵対的買収など）な印象を持たれることが多かったのですが，M&Aに対する情報が豊富となり，さらに後継者候補がいないといった時代背景からM&Aがより身近となったことが要因だと考えられます。

基本的に，次の後継者は買い手側が選定します。買い手側が上場企業や同業大手企業の場合，一般的に経営基盤や財務基盤がしっかりしており，事業を継続させることができるだけでなく，さらなる発展を期待することができます。

(2) 物的承継

自社株式や事業用資産の買取資金は買い手側が調達するため，物的承継で問題となることはほとんどないのがM&Aの特徴です。特に，現経営者である既存株主にとっては，市場流動性の低い自社株式を現金化することができ，売買金額次第では非常に大きなメリットを受けることができます。一方で，買い手側は簿外債務や訴訟リスクなどを引き継がないように，M&A実行前に入念な税務・財務・労務・法務・事業DD（Due Diligence＝デューデリジェンス）を行います。そのため，M&Aを検討する場合，財務の健全化，法令順守体制の構築等に取り組み，企業価値を高めておくことが必要となります。

M&Aの手法は様々あり，次の表のようにまとめることができます。

図表6-11 M&Aのパターン

資本提携 広義のM&A	狭義のM&A	合併	新設合併	
			吸収合併	
		買収	株式取得	株式譲渡
				第三者割当増資
				株式交換
				株式交付
				株式移転
			事業譲渡	一部譲渡
				全部譲渡
		分割	新設分割	
			吸収分割	
		合弁会社設立		
		株式の持ち合い		

これらの中で，中小企業の事業承継では経営権や所有権をスムーズに移行させることが重要となるため，「株式譲渡」と「事業譲渡」の２種類の方法を用いることがほとんどです。そのため，ここでは「株式譲渡」と「事業譲渡」について説明します。

「株式譲渡」とは，売り手側の株主（現経営者）が保有する株式を買い手側に譲渡することで，会社の経営権を法人格ごと引き継ぐ手法です。株式譲渡は手続が簡単であるため，他のM&A手法よりも広く用いられます。具体的には，株主総会等で承認を得て株主名簿を書き換えることで手続が完了するため，手続にかかる時間を短縮できコストも抑えることができます。また，手続後も法人格はそのまま残るため，売り手側の資産や負債はもちろん，各種契約や許認可等もそのまま引き継がれることになります。

ただし，中小企業の場合，法人と個人の境界があいまいなため，株式譲渡によって経営者の個人的な資産を買い手側に引き継がなければならないといった事態に陥る可能性もあります。法人名義で契約した経営者自身の生命保険契約などが典型的で，解約後個人では年齢や既往症により保険の契約ができないといった事態にならないように注意が必要です。さらに，基本的には買い手側は全ての株式を買い取ることが前提となるため，株式が分散しているなど株主構成が複雑な場合には株式譲渡が難航することもあります。

「事業譲渡」は，売り手側の事業の一部又は全部を買い手側に譲渡するM&A手法です。株式譲渡は法人をそのまま引き継ぐため，引き継ぎたくないものがある場合や株主構成が複雑な場合は実現が困難なことがあります。そのような場合は，文字どおり事業だけを譲渡する事業譲渡の手法が有効的です。

事業譲渡は引き継ぐ資産を個別に選択することができます。例えばA事業，B事業の2事業からなる企業がA事業だけを譲渡し，B事業はそのまま継続して経営を行うということも可能となります。また，買い手側は必要な資産だけを引き継ぎ，債務を引き継ぐ必要はないため，リスクを最小限に抑えることもできます。事業譲渡をすることで，売り手側は選択と集中により会社の独立性を担保しながら経営を継続することができ，反対に買い手側も必要な事業だけを手にすることができるため双方にとって魅力があります。

一方，事業譲渡は法人格を引き継ぐわけではなく資産等を個別に引き継がないといけないため，名義変更の手続が煩雑であることや，許認可が引き継げないなどといった問題が出てくる可能性があります。また，契約を全て結びなおす必要もあるため，場合によっては契約が交わせないことにより事業譲渡を断念せざるを得ないことも念頭に置く必要があります。

図表 6-12 〉M&Aのメリット・デメリット

メリット	・自社株式の譲渡金額を交渉することが容易になります。 ・現経営者は会社売却により，利益を獲得することができます。 ・事業承継の相手先の選択肢が広がります。 ・従業員の継続雇用が前提のM&Aの場合，従業員を守ることができます。 ・会社の経営責任から完全に解放されます。 ・承継相手のシナジー効果が期待できます。
デメリット	・承継相手をゼロから探す必要があります。 ・従業員や取引先の理解が得られにくいため，説明は慎重かつ丁寧に行う必要があります。 ・経営理念や経営方針が変わる可能性があります。

4 第三者承継（IPO）

図表 6-13 〉IPOのイメージ

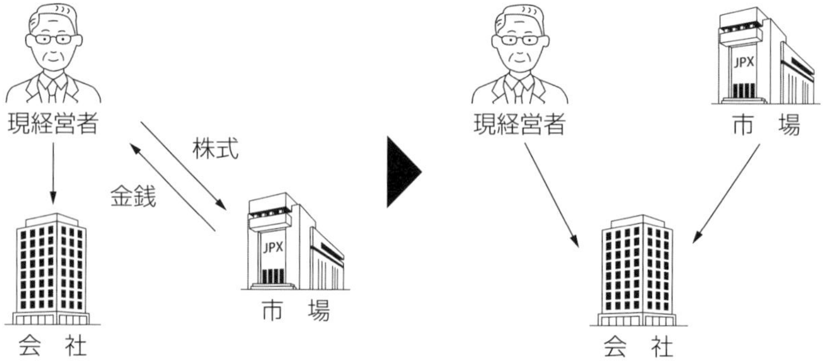

(1) 人的承継

第三者承継のもう一つの類型としてIPOがあります。IPOは株式公開ともいわれ，自社株式を市場に公開し流通させることで自由に株式の売買ができる状態にすることです。具体的には，非上場企業が株式を証券取引所に上場させ，証券会社を通じて投資家に対して株式を配分します。IPOをすることにより，広く一般投資家に対して資本参加を求めることができ，金融市場から幅広く資金を調達することが可能となります。

一方で，株式を市場に公開して広く一般投資家の資本参加を促すことにより，様々な考えを持つ投資家が株主として参加してくることになります。そのため，投資家保護の観点から上場会社としての適格性が求められることになります。いわゆるパブリックカンパニーとしてより高い社会的責任を負い，定期的な企業情報の開示などが義務づけられます。

IPO をすることにより会社の知名度が向上し，社会的な信用を得ることができます。それにより，より優秀な後継者候補が見つかりやすくなります。また，社会的信用を持ち続けるためには法令順守や内部統制を行いコーポレート・ガバナンスを強化させる必要があるため，経営体制が健全となることでより良い事業承継が可能となります。

ただし，上場企業は事業報告書や有価証券報告書などで，会社の経営状態や業績について事実を公表することが義務づけられるため，会社経営に対するプレッシャーはより大きくなります。

(2)　物的承継

IPO はそもそも現経営者が持つ株式を広く一般投資家に公開して流通させることが目的となるため，物的承継で大きな問題となることがほとんどありません。株式上場後に現経営者が持っている自社株式を市場に売却することで，現経営者は多額の利益を得ることができます。また，社会的な信用が高くなることで資金調達がしやすくなります。

その反面，株式上場までには相応の時間とコストがかかります。一般的には上場までに最短でも 3〜5 年程度の時間がかかるといわれています。またコスト面では，上場するまでに，毎年かかる費用や，上場時に支払う費用，さらには上場後も毎年多額の費用が発生します。具体的には，監査法人や証券会社，証券取引所などに対して発生する費用で，年間数千万円ほどの費用を支払う必要があります。

図表6-14〉IPOのメリット・デメリット

メリット	・多額の資金調達をすることができます。 ・知名度や信用度が大幅にアップされることで，新規取引や人材採用に有利に働きます。 ・内部管理体制が強化されます。 ・現経営者が株式を売却することにより，大幅な利益を獲得することができます。
デメリット	・会社の価値向上に対するプレッシャーが大きくなります。 ・上場準備が長期間に及びます。 ・上場のための準備コストと上場後の管理コストが大幅に増大します。 ・買収リスクが増加します。 ・意思決定の鈍化や経営に対する自由度に制約がつきます。

3 全ての選択肢を提示できる必要性

事業承継の大半が親族内承継であった時代では，いかに自社株式の株価を引き下げるか，そして譲渡・贈与・相続を活用して，いかに納税負担を少なく自社株式を後継者に承継させるかが事業承継のポイントでした。しかしながら，これまで見てきたようにこれからの事業承継は選択肢が多岐にわたり，我々税理士として中小企業の承継問題を最大限サポートするために全ての選択肢を提示することが求められます。

中小企業の事業承継と一口に言っても，それを必要とする経営者や後継者が求める承継方法や承継の内容は中小企業の数だけあるといっても過言ではないかもしれません。後継者の有無や経営者や後継者の年齢，経営に対するモチベーションから会社の財務状況に至るまで，会社ごとに異なるからです。そのため，これまで見てきた事業承継の類型にただ当てはめるだけでは，本当の承継ニーズを満たすことにはなりません。

一つ一つの承継ニーズとしっかりと向き合い，耳を傾けて現経営者と後継者がそれぞれ何を求めているのかを引き出す必要があります。その上で，どのような方法をとることで最適解に近づき，さらに事業承継のどの類型を選択し，それにどのような組織再編の方法を組み合わせるのかなどをしっかりと検討し提案することが，我々専門家の真の役割なのではないでしょうか。

それらを実現させる一助となる手法こそ「組織再編」なのです。組織再編を用いることで，多様な事業承継ニーズに応える組織体制を構築することが可能です。加えて，企業の成長戦略に寄与する理想的なグループ化を実現することもできます。我々税理士が組織再編の知識を習得し，顧問先に提供することで中小企業の活路を大きく開くこともできます。

次章からは，組織再編の活用方法について説明していきます。

第7章では，組織再編の手法と特色を主に事業承継に活用する目線で説明します。

第8章では，イメージがつきにくい「成長支援型の組織再編」を事例形式で説明します。

第9章では，実際にあった失敗事例から，組織再編の有用性を説明します。

皆さん，ワクワクしませんか？　我々が組織再編の知識をもって顧問先をサポートすることで，顧問先が円滑な事業承継を迎え，さらなる飛躍を遂げるのです。これ以上，税理士冥利に尽きることはありません。

第7章 組織再編が中小企業の活路を開く！

1 概要

組織再編は多様化する事業承継及び相続問題に柔軟性を与えることができます。単なる株価対策だけではなく，次のような成長支援にも組織再編を活用することが可能となります。

・オーナー個人の財産構成の適正化
・グループ経営の最適化や効率化
・事業拡大の体制構築
・財務の健全化

その一方で，組織再編は複雑な面も多く，普段の顧問業務で触れることもほとんどないため，組織再編を積極的に勉強し提案することに抵抗を感じられている方も多いのではないでしょうか。しかしながら前述のとおり，組織再編は中小企業の活路を開く手法です。その詳細まで網羅的に把握する必要はないですが，大切な顧問先の相談に乗れる，提案できるくらいの知識は，身につけておく必要があります。

中小企業において主に活用が想定される組織再編行為は以下の６つの手法しかありません。顧問先の経営者の想いを実現させるべく，株・事業・不動産・その他資産をどのように配置するのが良いかを検討し，その最適な配置を実現するために譲渡のような課税負担や資金負担の生じる方法のみならず，これらの組織再編を組み合わせてその会社にフィットしたスキームを構築することが，我々税理士の役割であると考えています。

① 株式移転
② 株式交換
③ 合併
④ 分社型分割
⑤ 分割型分割
⑥ 現物分配・現物出資

顧問税理士は，会社の状況や経営者の悩みをいつも身近で聞いている存在であり，税務調査等にも対応することになります。税務上の株価算定や自社株式の承継対策，成長支援の立案については，顧問税理士が主導的に行うことが好ましいはずです。もし，顧問税理士がこうしたテーマをあまり得意としていないのであれば，事業承継や組織再編に詳しい専門家と連携して主導的に検討していくことをおすすめします。

組織再編を実行する際は，法人税・消費税・会計基準・労務・不動産取得税などの税務，財務，会社法，金融商品取引法，労働基準法，許認可など様々な法律を確認しなければならず，細かい専門的な論点が多くあります。法務・税務・労務等の手続は広範囲にわたるため，事前の検討や手続に漏れがあると大きなリスクに発展します。現代はシェアリングエコノミーの時代です。１人で課題を解決する必要はありません。

顧問税理士の立場で必要となる業務は，損益に与える影響の検討や再編後の申告，再編後の効果を発揮させるための仕組みづくり，モニタリングであり，企業の発展と繁栄には必要不可欠な仕事です。

本章では，顧問税理士が最低限知っておきたい組織再編の知識を事業承継における活用の観点から説明していきます。

2　株価対策編

非上場企業のオーナーの経営者にとって，自社株式は経営権そのものですが，換金性が乏しいことからその価値は軽視されがちです。相続対策や事業承継対策をきっかけに自社株式の価値を知り，その承継コストがクローズアップされます。オーナー経営者にとっては長年にわたり利益を追求し会社を大きくしてきたからこそ，後継者への承継時の資金流出は最小限に抑えたいというのが心情であり，特に親族内承継の場合においては株価を引き下げる対策の必要性が高まります。ただし，単に株価を下げるということのみに重点を置きがちですが，いかに企業価値を下げずに株式評価額を引き下げられるか，が重要なポイントになります。

株価対策として最もポピュラーな手法は利益圧縮（退職金や節税商品など）や不動産購入などであり，第５章のような一般的な事業承継スキームでの株価対策がとられています。

しかし，過剰な利益圧縮などによる対策で本業に悪影響を与えてしまっては何のための事業承継なのかわからなくなります。そこで，組織再編を活用した株価の引下げ対策の提案が重要になってくるのです。組織再編により，財務構造や収支構造に変化が生じるため，株価に大きく影響します。例えば，株式交換や株式移転は株主が移動するだけであり，事業や従業員，取引先などへの影響もないため，実務ではよく活用されています。また，どの組織再編も税制適格要件を満たせれば法人税等の課税負担は生じないため，資金負担なく株価対策ができるというのも組織再編の最大のメリットです。

まずは，各組織再編の概要とその具体的な対策効果について説明していきます。なお，本書では同族会社の組織再編とし，会計基準においては「取得」「共同支配企業の形成」「共通支配下の取引」の３つの区分がありますが，100％グループ化を目指す取引を前提とするため，「共通支配下の取引」に該当する前提として説明します。「共通支配下の取引」とは，当事会社の全てが結合前後で同一の株主に支配され続けることをいい，原則として帳簿価額での移転になります。

1　株式移転

(1)　概要

株式移転とは，既存の会社が単独又は複数で新たに親会社を設立するために，親会社となる会社に株式を移転させることをいいます。具体的には，100％子会社となる会社の株主が親会社となる会社（持株会社）を新たに設立するために，その保有する株式を拠出し，その拠出の対価として新たに設立される親会社の株式を取得することになります。

図表 7-1〉株式移転のイメージ

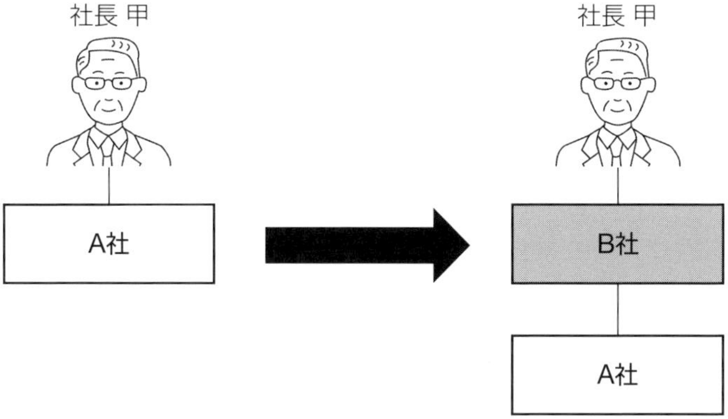

(2)　会計

会計上は「共通支配下の取引」を前提とすると，親会社は子会社の簿価純資産額を子会社株式の取得価額として計上します。また，子会社の簿価純資産額から株式移転計画において定めた増加資本金を差し引いた額を資本準備金又はその他資本剰余金として計上します。損益への影響は生じません。

(3)　税務

適格要件に該当する場合，親会社の子会社株式の取得価額及び増加する資本金等の額は，子会社の株式移転直前の株主数が「50 人以上か未満か」によって次のとおり異なります（法令 119 ①十二イ・ロ）。増加する資本金等の額によって地方税の均等割に影響が生じますので事前に確認が必要です。

【50 人以上】

子会社となる会社の株式移転直前の簿価純資産価額＋付随費用

【50 人未満】

子会社となる会社の旧株主が有していた株式移転直前の完全子法人株式の帳簿価額合計＋付随費用

また，子会社は株主が変わるだけであり，子会社自体の資産負債に影響はないため，会計上も税務上も処理は生じません。子会社の旧株主も，金銭交付がなければ課税は生じず，株式の取得価額は旧株式の簿価を引き継ぎます（法令 119 ①十一）。

図表 7-2 〉同族会社を前提とした場合の適格要件（株式移転の場合）

株式保有関係	単独株式移転	共同株式移転	
	全ての保有関係	100 %グループ	50 %超 100 %未満
金銭等不交付要件	○	○	○
継続保有要件	○※ 1	○※ 2	○※ 3
従業者引継要件※ 4	—	—	○
事業継続要件※ 5	—	—	○

※ 1　親会社と子会社の間で 100 %完全支配関係が継続することが見込まれること
※ 2　株式移転実施後においても，株式移転後の親会社株主及び親会社並びに当該子会社との間で 100 %支配関係が継続することが見込まれること
※ 3　株式移転実施後においても，株式移転後の親会社株主及び親会社並びに子会社との間で 50 %超支配関係が継続することが見込まれること（一定の場合は親会社と子会社との間で 50 %超支配関係が継続することが見込まれること）
※ 4　子会社となる会社の株式移転の直前の従業者のうち，その総数の概ね 80 %以上に相当する数の者が，株式移転後においても，子会社の業務へ従事することが見込まれること
※ 5　子会社が株式移転前に営む主要な事業が，株式移転後においても子会社において引き続き営まれると見込まれること

図表 7-3 〉（具体例）親会社の処理（適格株式移転・子会社の旧株主 50 人未満を前提）

（1）会計処理

（子会社株式）	500,000,000	（資本金） （その他資本剰余金）	10,000,000 490,000,000	子会社の簿価純資産（直前期末）

（2）税務処理

（子会社株式）	10,000,000	（資本金等の額）	10,000,000	子会社の旧株主の簿価

Ⅰ．利益積立金額の計算に関する明細書（別表5）

	期首	当期の増減		翌期首
		減	増	
資本金等の額			490,000,000	490,000,000
子会社株式			▲490,000,000	▲490,000,000

Ⅱ．資本金等の額の計算に関する明細書（別表5）

	期首	当期の増減		翌期首
		減	増	
資本金			10,000,000	10,000,000
資本準備金				
その他資本剰余金			490,000,000	490,000,000
利益積立金			▲490,000,000	▲490,000,000
差引合計額			10,000,000	10,000,000

(4)　株価への影響

それでは，B社を完全親法人，A社を完全子法人として株式移転による株価への影響を見てみましょう。

毎期一定の利益が着実に出る会社であれば，株価は上昇していくことが想定されます。株式移転はその株価の上昇を抑制する効果が生じます。株式移転により新設したB社の株式評価は，その後資産の変動がなければ株式等保有特定会社（総資産に対して株式等の占める割合が50％以上の会社）に該当するため，原則として純資産価額方式により評価することになります。純資産価額の算定上，子会社株式（A社株式）の含み益に対して法人税額等相当額（37％）の控除ができるため，B社を経由することにより株式評価額の上昇が緩やかになるのです。

なお，「現物出資等受入れ差額」により，原則として株式移転以降の株価上昇分に対してのみ法人税額等相当額の控除が可能になります。「現物出資等受入れ差額」とは，現物出資等により著しく低い価額で受け入れた資産の受入差額に関しては，法人税額等相当額の控除が適用できないというものです（財基通186-2）。この現物出資等には株式交換や株式移転により取得した株式も含まれています。

図表 7-4 〉（具体例）効果のイメージ（株式移転）

B 社の株式評価（純資産価額）

（1）株式移転時　（単位：千円）

科目	相続税評価額	帳簿価額※	科目	相続税評価額	帳簿価額※
A 社株式	300,000	10,000	負債	0	0
資産合計	300,000	10,000	負債合計	0	0

※税務上の帳簿価額

相続税評価額による純資産価額	300,000	
帳簿価額による純資産価額	300,000	現物出資等受入差額を加算
評価差額に相当する金額	0	
評価差額に対する法人税等相当額	0	
純資産価額	300,000	

（2）10 年後　（単位：千円）

科目	相続税評価額	帳簿価額※	科目	相続税評価額	帳簿価額※
A 社株式	600,000	10,000	負債	0	0
資産合計	600,000	10,000	負債合計	0	0

※税務上の帳簿価額

相続税評価額による純資産価額	600,000	
帳簿価額による純資産価額	300,000	現物出資等受入差額を加算
評価差額に相当する金額	300,000	
評価差額に対する法人税等相当額	111,000	37 %
純資産価額	489,000	

直接 A 社を保有していたら 600,000 千円であったのが，株式移転をしていたことで 489,000 千円の評価となる。

図表 7-5 〉株価上昇の抑制イメージ

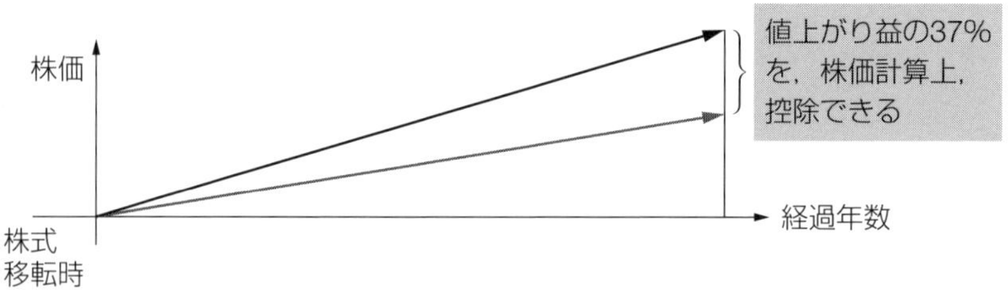

具体的な効果のイメージは以下のとおりです。

利益が順調に出ている会社で株式承継のタイミングが今ではない（後継者が決まっていない又は決まっているが承継するには時期尚早なケース）ということであれば，将来の承継時期を見据えて株価の上昇を抑制しておくという提案ができます。株式交換や合併と異なり，会社が１社しかない場合でも提案できますし，会社分割のような許認可の移転手続，取引先への通知や金融機関の口座変更等の手続が不要であり，既存の会社の事業運営に大きな影響が生じにくいため，実務上もよく活用される組織再編の一つになります。

ただし，Ａ社に含み益の大きい資産がある場合は留意が必要です。子会社株式の評価にあたっては法人税額等相当額の控除ができないこととされているため（財基通 186-3），Ｂ社の株式評価にあたって，Ａ社株式の評価が高くなり，結果として株式移転前よりも株式移転直後に株価総額が上昇するケースがあります。また，株式移転後Ｂ社は子会社株式のみを保有する純粋持株会社になるため，事業用不動産を持株会社に移転する，管理部門を持株会社に移転する，新規事業を立ち上げるなど，資産管理会社やHD機能を有する会社とすることを検討してもよいでしょう。仮にＢ社の株式等保有特定会社が外れた場合には，さらに株価の圧縮効果を期待できる場合もあります。なお，その場合でも設立後３年間は類似業種比準価額を使用できず，純資産価額方式のみが適用されることになります。

図表 7-6　株式移転の効果と留意点

効果	・株式移転時から子会社（Ａ社）の株価上昇した場合には，当該上昇部分について，法人税額等相当額（37％）の控除が可能となる。 ・親会社（Ｂ社）が，株式等保有特定会社に該当しなくなった場合には，類似業種比準価額が適用可能となるため，子会社（Ａ社）の利益上昇等による株価上昇をさらに抑制することが可能となる。
留意点	・株式移転直後，親会社（Ｂ社）は株式等保有特定会社に該当する。 ・設立後３年未満は純資産価額方式を用いる。 ・子会社（Ａ社）の株式評価において法人税額等相当額（37％）の控除ができなくなる。 ・会社が増えることによる維持コストが発生する。 ・子会社の株主構成，過去の株式の売買実積の有無・金額によっては，親会社（Ｂ社）の均等割コストが多額なものになる可能性がある。

図表 7-7 〉持株会社の種類

純粋持株会社	事業を行わず他の会社を支配し統括する。
資産管理会社	事業会社の不動産などを保有し一元管理する，又はオーナー個人の資産を統括管理する。
事業持株会社	自社でも事業活動を行い，事業と企業の支配を兼業する。

2 株式交換

(1) 概要

株式交換とは，他社が保有する株式を自社株式と交換して100％親子会社関係をつくることをいいます。具体的には，親会社となる会社が，子会社となる会社の全ての株主からその株式を取得します。親会社は，その対価として，子会社の株主に対して自社の株式等を交付することによって，親会社と子会社との間に100％の親子会社関係が成立することになります。兄弟会社だった会社を親子会社の資本関係に整理する手法として用いられます。

図表 7-8 〉株式交換のイメージ

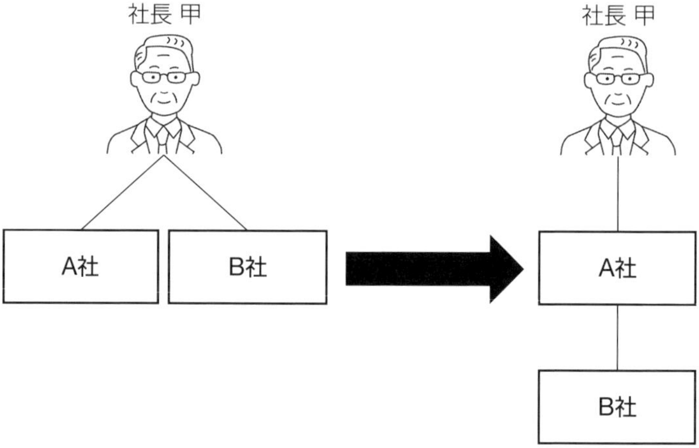

(2)　会計

会計上は「共通支配下の取引」を前提とすると，親会社は子会社の簿価純資産額を子会社株式の取得価額として計上します。また，子会社の簿価純資産額から株式交換契約において定めた増加資本金を差し引いた額を資本準備金として計上します。損益への影響は生じません。株式移転と異なり原則として資本準備金が計上されるため，「資本金＋資本準備金」が多額になることもあります。そうすると，地方税の均等割が増加するケースがあるため，資本準備金をその他資本剰余金に振り替える手続の検討も必要となります。

(3)　税務

適格要件に該当する場合，親会社の子会社株式の取得価額及び増加する資本金等の額は，子会社の株式交換直前の株主数が「50人以上か未満か」によって次のとおり異なります（法令119①十イ・ロ）。増加する資本金等の額によって地方税の均等割に影響があります。

【50人以上】

子会社となる会社の株式交換直前の簿価純資産価額＋付随費用

【50人未満】

子会社となる会社の旧株主が有していた株式交換直前の完全子法人株式の帳簿価額合計＋付随費用

なお，税務上は50％超の同族会社を前提とした場合，それぞれ以下の適格要件が求められます。なお，100％グループ内のケースで，両社の株主が同一であれば，無対価株式交換（株の新規発行をしない）も可能です。

図表 7-9 〉同族会社を前提とした場合の適格要件（株式交換の場合）

株式保有関係	100 %グループ	50 %超 100 %未満
金銭等不交付要件	○※ 1	○※ 1
継続保有要件	○※ 2	○※ 3
従業者引継要件※ 4	—	○
事業継続要件※ 5	—	○

※ 1　例外的に次に掲げる金銭等の交付については，税制適格に該当

①　株式交換の直前に完全親法人が完全子法人の発行済株式総数の 3 分の 2 以上を有する場合に，当該完全親法人以外の株主に交付される金銭等

②　剰余金の配当として株主に交付される金銭等

③　反対株主から買取請求の対価として交付される金銭等

④　全部取得条項付種類株式や株式併合を用いた少数株主の排除に伴い端数に応じて交付される金銭等

⑤　最大株主が他の株主の全てに対して株式の全部売渡請求する際に交付される金銭等

※ 2　株式交換実施後においても株式交換後の親会社株主及び親会社並びに当該子会社との間で 100 %支配関係が継続することが見込まれること（一定の場合は親会社と子会社との間で 100 %支配関係が継続することが見込まれること）

※ 3　株式交換実施後においても株式交換後の親会社株主及び親会社並びに子会社との間で 50 %超支配関係が継続することが見込まれること（一定の場合は親会社と子会社との間で 50 %超支配関係が継続することが見込まれること）

※ 4　子会社となる会社の株式交換の直前の従業者のうち，その総数の概ね 80 %以上に相当する数の者が，株式交換後においても，子会社の業務へ従事することが見込まれること

※ 5　子会社が株式交換前に営む主要な事業が，株式交換後においても子会社において引き続き営まれると見込まれること

また，子会社は株主が変わるだけ，子会社自体の資産負債に影響はないため会計上も税務上も処理は生じません。子会社の旧株主も，金銭交付がなければ課税は生じず，株式の取得価額は旧株式の簿価を引き継ぎます。

基本的には，株式移転と同様の会計・税務処理となります。

図表7-10 〉(具体例)親会社の処理(適格株式交換・子会社の旧株主50人未満を前提)

親会社（A社）の処理

（1）会計処理

（子会社株式）	200,000,000	（資本準備金）	200,000,000	子会社の簿価純資産

（2）税務処理

（子会社株式）	10,000,000	（資本金等の額）	10,000,000	子会社の旧株主の簿価

Ⅰ．利益積立金額の計算に関する明細書（別表5）

	期首	当期の増減		翌期首
		減	増	
資本金等の額			190,000,000	190,000,000
子会社株式			▲190,000,000	▲190,000,000

Ⅱ．資本金等の額の計算に関する明細書（別表5）

	期首	当期の増減		翌期首
		減	増	
資本金	10,000,000			10,000,000
資本準備金			200,000,000	200,000,000
その他資本剰余金				
利益積立金			▲190,000,000	▲190,000,000
差引合計額	10,000,000		10,000,000	20,000,000

(4)　株価への影響

それでは，株式交換がなぜ株価対策となるかを考えてみましょう。オーナーが複数の会社の株式を直接保有している場合と，会社を通じて間接保有している場合とではオーナー所有株式評価が大きく異なります。一般的に，直接保有が1＋1＝2であるのに対し，間接保有は1＋1＝1〜1.5となるようなイメージです。そのような評価になる理由は，類似業種比準価額の評価では，子会社株式の評価の影響を受けないためです。

仮に，A社（大会社）とB社（中会社）をそれぞれ100％保有している場合，A社を親会社とする株式交換を実施することで，A社（類似業種比準価額100％）の株式評価のみでよく，B社の評価は個人株主に全く影響されない

図表 7-11 〉株式交換の効果と留意点

効果	・株式交換時から子会社（B 社）の株価が上昇した場合には，当該上昇部分について，法人税額等相当額（37 %）の控除が可能となる。 ・親会社（A 社）が株式保有特定会社に該当しなければ，類似業種比準価額は子会社（B 社）の利益等の影響を受けないため，株価上昇が抑制される。
留意点	・親会社（A 社）の資産状況によっては株式等保有特定会社に該当する可能性がある。 ・子会社（B 社）の株式評価において法人税額等相当額（37 %）の控除ができなくなる。 ・子会社の株主構成，過去の株式の売買実積の有無・金額によっては，親会社（B 社）の均等割コストが多額なものになる可能性がある。

ことになります。もちろん，大会社でなくても，中会社や小会社でも類似業種比準価額が使える分，子会社株式の評価の影響を受けないため，株価の抑制効果が期待できます。なお，株式交換も株式移転と同様，子会社株式の評価について法人税額等相当額（37 %）の控除ができるため，子会社株式の上昇抑制効果が生じます。

株式交換を実施する場合，どの会社を親会社とするのがよいかはグループ会社の管理面，事業面，株価への影響等を総合的に判断して決定することになります。株価への影響の観点で考えると，一般的に①会社区分の大きい会社，②株価が低い会社，③株式交換後に親会社が株式等保有特定会社に該当する可能性の低い会社（すなわち会社の総資産が比較的厚い会社）を親会社にするとよいと考えられます。株式等保有特定会社に該当してしまうと，原則として純資産価額により評価することになるため，株価の引下げ効果は見込めなくなるからです。さらにその上で，高収益の会社や評価額の高い会社を子会社とできればより効果が期待できます。親会社にしたい会社がどうしても株式等保有特定会社に該当してしまいそうな場合は，現物分配や資産購入などの検討も併せて行うとよいでしょう。

図表 7-12 〉（具体例）効果のイメージ（株式交換）

株式交換前

個人株主の株式評価額	200,000 千円	Ａ社＋Ｂ社

Ａ社の株式評価額

類似業種比準価額	100,000 円
純資産価額	300,000 円
Lの割合（大会社）	1
株式評価額	100,000 円
発行済株式数	1,000 株
株式評価額（総額）	100,000 千円

Ｂ社の株式評価額

類似業種比準価額	50,000 円
純資産価額	175,000 円
Lの割合（中会社）	0.6
株式評価額	100,000 円
発行済株式数	1,000 株
株式評価額（総額）	100,000 千円

株式交換後

個人株主の株式評価額	120,000 千円	Ａ社のみ

Ａ社の株式評価額

類似業種比準価額	120,000 円	※１
純資産価額	400,000 円	※２
Lの割合（大会社）	1	
株式評価額	120,000 円	
発行済株式数	1,000 株	無対価
株式評価額（総額）	120,000 千円	

Ｂ社の株式評価額

類似業種比準価額	50,000 円
純資産価額	175,000 円
Lの割合（中会社）	0.6
株式評価額	100,000 円
発行済株式数	1,000 株
株式評価額（総額）	100,000 千円

※１　Ａ社の類似業種比準価額（株式交換後）
　資本金等が増加することにより，簿価純資産のみ増加する。

※２　Ａ社の純資産価額（株式交換後）　　（単位：千円）

科目	相続税評価額	帳簿価額※	科目	相続税評価額	帳簿価額※
諸資産	800,000	800,000	負債	500,000	500,000
Ｂ社株式	100,000	10,000			
資産合計	900,000	810,000	負債合計	500,000	500,000

※税務上の帳簿価額

相続税評価額による純資産価額	400,000	
帳簿価額による純資産価額	400,000	現物出資等受入差額（株式交換時の含み益）を加算
評価差額に相当する金額	0	
評価差額に対する法人税等相当額	0	
純資産価額	400,000	
１株当たりの純資産価額	400,000 円	

3 合併

(1) 概要

合併とは，複数の会社が統合して１つの会社となることをいい，個々の資産及び負債，契約関係の全てがそのまま包括的に引き継がれます。合併のメリットとしては，間接部門の集約化による経営効率化，資金調達の容易性，市場占拠率の増大による支配力の増加等があり，合併には吸収合併と新設合併との２種類があります。

吸収合併とは，合併する会社の中で１社だけが存続し，他の会社が合併会社に吸収され，消滅するものです。一方，新設合併とは，１つの新しい会社を設立し，元の複数の会社はいずれも消滅するものです。実務上は吸収合併によることが一般的です。

図表 7-13 合併のイメージ

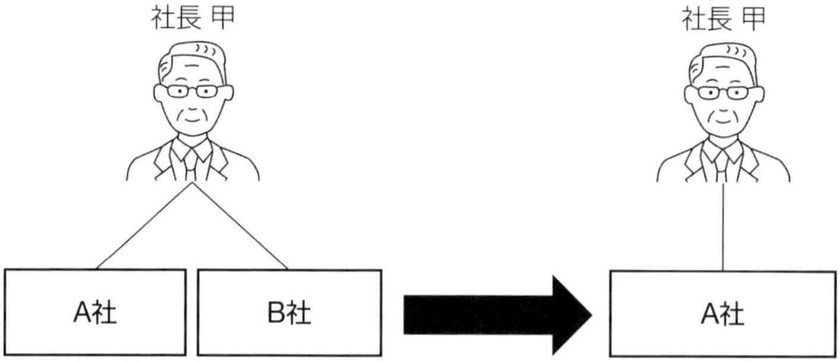

(2) 会計

グループ内の合併を前提とした場合，会計上は「共通支配下の取引」として処理を行います。例えば，100 %親子会社間での吸収合併は無対価での合併が可能です。その場合，消滅する子会社株式（抱合せ株式）の帳簿価額とそれに対応する純資産との差額は，親会社の抱合せ株式消滅差損益として特別損益に計上されます。

100 %の兄弟会社同士で吸収合併した場合は，受け入れた資産負債を適正な帳簿価額で計上し，純資産額については，合併会社が合併契約で定めた資本金又は資本剰余金として処理を行うか，あるいは被合併会社の資本金及び資本剰余金を合併会社の資本剰余金として引き継ぎ，利益剰余金をその他利益剰余金として引き継ぐ処理を行います。

(3)　税務

税務上は適格合併の場合，被合併会社の資産負債を簿価で合併会社に移転し，資本金等の額や利益積立金もそのまま引き継ぐ処理を行います（法法62の2，法令8①五，9①二）。被合併法人の株主についても，旧株式の譲渡益課税は繰り延べられ，みなし配当課税は生じません（法法61の2②，24①一，所法25①一）。

図表 7-14　同族会社を前提とした場合の適格要件（合併の場合）

株式保有関係	100％グループ	50％超100％未満
金銭等不交付要件	○※1	○※1
継続保有要件	○※2	○※3
従業者引継要件※4	—	○
事業継続要件※5	—	○

※1　例外的に次に掲げる金銭等の交付については，税制適格に該当
　① 合併の直前に合併存続法人が合併消滅法人の発行済株式総数の３分の２以上を有する場合に，当該合併存続法人以外の株主に交付される金銭等
　② 剰余金の配当として株主に交付される金銭等
　③ 反対株主からの買取請求の対価として交付される金銭等
※2　合併後においても合併後の合併法人株主と合併法人との間で100％支配関係が継続することが見込まれること（子会社と100％孫会社との合併の場合は除く）
※3　合併後においても合併後の合併法人株主と合併法人との間で50％超支配関係が継続することが見込まれること（子会社と50％超孫会社との合併の場合は除く）
※4　被合併法人の従業者のうち，概ね80％以上に相当する数の者が，合併法人の業務に従事することが見込まれること
※5　被合併法人の主要な事業が合併後も引き続き営まれると見込まれること

図表 7-15 〉（具体例）合併会社の処理（適格合併を前提）

（1）会計処理

諸資産	500,000,000	（諸負債）	300,000,000	帳簿価額で引き継ぎ
		（資本剰余金）	10,000,000	合併契約で定める又は引き継ぎ
		（利益剰余金）	190,000,000	

（2）税務処理

諸資産	500,000,000	（諸負債）	300,000,000	帳簿価額で引き継ぎ
		（資本金等の額）	10,000,000	引き継ぎ
		（利益積立金）	190,000,000	

(4) 株価への影響

合併により期待される株価対策は，総資産や従業員，売上高が大きくなることによる株式評価上の会社規模の拡大です。類似業種比準価額を使える割合が高くなれば，一般に類似業種比準価額が純資産価額よりも低いケースが多いため，株式評価額の抑制が期待できます。特に歴史があり過去の利益蓄積が大きい会社ほど類似業種比準価額と純資産価額の乖離が大きくなっています。

そのほか，赤字会社（債務超過）と黒字会社（資産超過）を合併することにより，評価会社の利益と純資産が圧縮されて類似業種比準価額（純資産価額）を下げるなどの株価対策も期待できます。また，株式等保有特定会社に該当する会社が，合併により株式以外の資産が増えて一般の評価方式により評価

図表 7-16 〉会社規模と株価の関係

会社規模	類似業種比準価額（一般的に低い）	純資産価額（一般的に高い）	株価
大会社	100％	0％	低い
中会社の大	90％	10％	
中会社の中	75％	25％	
中会社の小	60％	40％	
小会社	50％	50％	高い

図表 7-17 （具体例）効果のイメージ（合併）

合併前

個人株主の株式評価額	230,000 千円

A 社の株式評価額

類似業種比準価額	100,000 円
純資産価額	300,000 円
Lの割合（中会社の大）	0.9
株式評価額	120,000 円
発行済株式数	1,000 株
株式評価額（総額）	120,000 千円

B 社の株式評価額

類似業種比準価額	50,000 円
純資産価額	200,000 円
Lの割合（中会社の小）	0.6
株式評価額	110,000 円
発行済株式数	1,000 株
株式評価額（総額）	110,000 千円

合併後

個人株主の株式評価額	150,000 千円

A 社の株式評価額

類似業種比準価額	150,000 円	※１
純資産価額	500,000 円	※２
Lの割合（大会社）	1	
株式評価額	150,000 円	
発行済株式数	1,000 株	無対価
株式評価額（総額）	150,000 千円	

※１　A 社の類似業種比準価額（合併後）
配当，利益，簿価純資産が合算される。

※２　A 社の純資産価額（合併後）　　（単位：千円）

科目	相続税評価額	帳簿価額※	科目	相続税評価額	帳簿価額※
諸資産	800,000	800,000	負債	500,000	500,000
諸資産（合併引継ぎ）	500,000	500,000	負債（合併引継ぎ）	300,000	300,000
資産合計	1,300,000	1,300,000	負債合計	800,000	800,000

※税務上の帳簿価額

相続税評価額による純資産価額	500,000
帳簿価額による純資産価額	500,000
評価差額に相当する金額	0
評価差額に対する法人税等相当額	0
純資産価額	500,000
１株当たりの純資産価額	500,000 円

図表 7-18 合併の効果と留意点

効果	・合併後，売上高，従業員数，総資産の変動により会社規模が大きくなると類似業種比準価額の割合が高くなる。 ・資産構成が変わるため，特定評価会社が外れる可能性がある。
留意点	・合併後３年間は類似業種比準価額が使えない場合がある。 ・合併後３年間は，純資産価額の計算上，被合併法人より引き継いだ土地や家屋は通常の取引価格により評価される。

できるようになるケースもあります。

なお，合併直後に株式を贈与，又はオーナーに相続が発生した場合は留意が必要です。合併後存続する会社の業種・財務内容等の会社実態が合併前と比べて大きく変化する可能性があり，類似業種比準価額の算定における比準３要素（配当・利益・純資産）について，合併前の２社のそれらの金額を合算したものをそのまま合併後の合併会社の３要素として使って合理的な類似業種比準価額が得られるかについての判断が必要になります。合併前の２社がそれぞれ別の事業を営んでいるような場合は，単なる合算は合理性がないと考えられます。

そのような場合は，類似業種比準価額が使えず，純資産価額方式により評価することになると実務上解されており，株価が高額になるケースがあります。実行にあたっては，株主の状況や年齢等にも配慮して検討するべきでしょう。なお，純資産価額の計算上，合併により移転した土地や家屋の評価額は，合併から３年経過するまでの間は通常の取引価格で評価されることになり，一般的に評価が高くなることにも注意が必要です。

4 分社型分割

(1) 概要

会社分割とは，会社の事業の全部又は一部を包括的に既存会社や新設会社に移転することをいいます。会社分割には，吸収分割と新設分割の２種類があります。

吸収分割とは，ある会社が既存の他の会社に切り離した事業の全部又は一部を承継させることです。分割会社の事業のみを移転させるため，会社全部を移転させ，解散・消滅する合併とは異なります。一方，新設分割とは，新しく設立する会社に企業が切り離した事業の全部又は一部を承継させることです。例えば，1つの事業が著しい成長を遂げている場合に，事業戦略上，1つの会社として独立させるケースなどで活用されます。

事業を子会社化させるような縦（子会社）に分社するものを分社型分割，横（兄弟会社）に分社するものを分割型分割といいます。

会社分割とよく比較される事業譲渡では，譲渡損益が生じ，消費税や不動産取得税の負担が見込まれますが，会社分割では適格要件を満たせば法人税等の課税もなく，消費税は課税対象外，不動産取得税も一定の要件を満たせば非課税となる点が大きく異なります。

株価対策に用いられる会社分割は，主として分社型分割であるため，以下では分社型分割について説明します。

図表7-19　分社型分割のイメージ

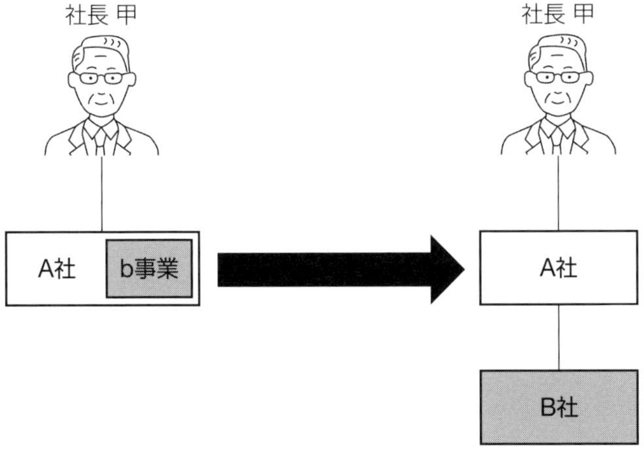

(2)　会計

例えば，事業の一部を子会社化させるような分社型分割の場合，会計上は「共通支配下の取引」として処理することになるため，分割承継会社は移転する資産負債を適正な帳簿価額で引き継ぎます。株主資本等の変動額は，分割承継会社が分割契約で定めた資本金又は資本剰余金として処理をするか，又は分割会社の資本金及び資本剰余金を分割承継会社の資本剰余金として引き継ぎ，利益剰余金をその他利益剰余金として引き継ぐ処理を行います。

(3) 税務

税務上は適格分社型分割の場合，分割承継会社は分割会社から移転する資産負債は簿価で移転し（法法62の3，法令123の4），純資産の部については「資本金等の額」として加算します（法令8①七）。会計と異なり分割会社の利益積立金額を引き継ぐことはできません。一方，分割会社は移転する資産負債の差額が「子会社株式」として計上されるため（法令119①七），純資産の部に変動はありません。金銭交付のない適格分割の場合，分割会社株主に対してのみなし配当や譲渡損益の課税関係も生じません。

図表 7-20 同族会社を前提とした場合の適格要件（単独新設分社型分割の場合）

株式保有関係	100％グループ	50％超 100％未満
金銭等不交付要件	○	○
継続保有要件	○※1	○※2
主要資産負債引継要件※3	—	○
従業者引継要件※4	—	○
事業継続要件※5	—	○

※1　分割後，分割法人が分割承継法人の株式の全部を継続して保有することが見込まれていること
※2　分割後，分割法人が分割承継法人の株式の50％超を継続して保有することが見込まれていること
※3　分割事業に係る主要な資産及び負債が分割承継法人に移転していること
※4　分割事業に係る従業者のうち，概ね80％以上に相当する数の者が，分割承継法人の業務に従事することが見込まれること
※5　分割事業が分割承継法人において分割後も引き続き営まれると見込まれること

図表 7-21 〉会計処理と税務処理（適格分社型分割を前提）

親会社（A 社）の処理

（1）会計処理

（諸負債）	200,000,000	（諸資産）	500,000,000
（子会社株式）	300,000,000		

（2）税務処理

同上

子会社（B 社）の処理

（1）会計処理

（諸資産）	500,000,000	（諸負債）	200,000,000	帳簿価額で引き継ぎ
		（資本金）	10,000,000	分割契約で定める又は引き継ぎ
		（資本剰余金）	40,000,000	
		（利益剰余金）	250,000,000	

（2）税務処理

（諸資産）	500,000,000	（諸負債）	200,000,000	帳簿価額で引き継ぎ
		（資本金等の額）	300,000,000	

(4)　株価への影響

分社型分割により期待される株価対策は，高収益事業を子会社化し，親会社の利益圧縮をすることによる株価対策です。1つの会社で複数の事業を営んでいる会社や，各地に事業所を設けている会社について，分社型分割により一部の事業又は事業所を子会社化することで，親会社の利益が減少し，類似業種比準価額の比準3要素のうち利益が縮小すること，また利益の蓄積による純資産の上昇を抑制できることから類似業種比準価額の対策になります。

特に収益性の高い事業を子会社化できればより効果が期待できます。また，分割会社の簿価純資産は変動しないため，類似業種比準価額算定上の簿価純資産には影響しません。一方で，純資産価額の算定において，設立後3年を経過すれば子会社株式の相続税評価が移転した資産負債の評価額よりも低くなるケースがあるため，親会社の純資産価額が低くなる場合があります。

ただし，①分割会社が株式等保有特定会社に該当しないように，②分割会社の会社規模ができるだけ小さくならないようにすることが株価対策の上でのポイントです。親会社が株式等保有特定会社に該当することになったり，会社規模が小さくなると，会社分割前よりも株価が高くなるケースもあります。

さらに，新規設立した子会社の株価は，設立後３年間は純資産価額方式が適用されますし，分割により移転した土地や家屋の評価額は，３年間は通常の取引価格で評価されるほか，分割会社は事業内容が変わる場合は合併と同様，2〜3年程度類似業種比準価額が使えないケースもあるため，株価対策の効果は３年経過後にしか生じないこともあります。

また，株価対策のみを目的とする分社化は経営面で不効率が生じるおそれがあります。会社分割の検討は，事業ごとの収益性が大きく異なるため会社を分けたい，事業ごとに市場の競争環境が大きく異なるため会社を分けて意思決定を早めたい，事業ごとに人事制度や給与水準を変えたい，立ち上げた新規事業が軌道に乗ってきたなどの分社化の目的が明確にある場合に限定すべきと考えます。もしくは，事業を子会社に分社し，間接部門（総務経理，人事，システム等）を親会社に残してホールディングス機能を持たせる，その後M&Aなどで事業会社を買収して子会社を増やしていきたいというようなビジョンを持って，経営面から検討すべきでしょう。

最後に，会社分割は，どの資産負債を移転するか，従業員をどのように分けるのか，許認可は何があるのかなどその手続に時間と手間がかかるケースが多いため，実行にあたっては事前に検討すべき事項をしっかり確認する必要があります。会社法上，会社分割はその事業に関して有する権利義務の全部又は一部を分割により他の会社に承継させる行為とされておりますが，許認可については承継できないものもあり，分社を断念せざるをえないケースもあるためです。

図表 7-22 （具体例）効果のイメージ（分社型分割）

分社型分割前

個人株主の株式評価額	210,000 千円

A 社の株式評価額

類似業種比準価額	200,000 円
純資産価額	300,000 円
Lの割合（中会社の大）	0.9
株式評価額	210,000 円
発行済株式数	1,000 株
株式評価額（総額）	210,000 千円

分社型分割後（3 年経過後）

個人株主の株式評価額	156,000 千円

A 社の株式評価額

類似業種比準価額	150,000 円	※ 1
純資産価額	210,000 円	※ 2
Lの割合（中会社の大）	0.9	
株式評価額	156,000 円	
発行済株式数	1,000 株	
株式評価額（総額）	156,000 千円	

B 社の株式評価額

類似業種比準価額	150,000 円
純資産価額	300,000 円
Lの割合（中会社の小）	0.6
株式評価額	210,000 円
発行済株式数	1,000 株
株式評価額（総額）	210,000 千円

※ 1　A 社の類似業種比準価額（分社型分割後）
利益が減少するため，その分株価が減少（簿価純資産は変わらない）。

※ 2　A 社の純資産価額（分社型分割後）　（単位：千円）

科目	相続税評価額	帳簿価額※	科目	相続税評価額	帳簿価額※
諸資産	800,000	800,000	負債	500,000	500,000
諸資産（B社に承継）	−500,000	−500,000	負債（B社に承継）	−200,000	−200,000
子会社株式	210,000	300,000			
資産合計	① 510,000	600,000	負債合計	② 300,000	300,000

※税務上の帳簿価額

相続税評価額による純資産価額	210,000 （①−②）
帳簿価額による純資産価額	300,000
評価差額に相当する金額	0
評価差額に対する法人税等相当額	0
純資産価額	210,000
1 株当たりの純資産価額	210,000 円

図表 7-23 分社型分割の効果と留意点

効果	・分割会社（A 社）の利益が減少し，類似業種比準価額が抑制される。 ・分割会社（A 社）の利益の蓄積による純資産の増加を抑えられる。 ・分割会社（A 社）の純資産価額の計算上，子会社株式の評価が設立 3 年後は相続税評価額になるため，簿価よりも下がる場合がある。
留意点	・分社後，3 年間は類似業種比準価額が使えない場合がある。 ・分割会社（A 社）が移転する資産次第では，株式等保有特定会社に該当する可能性がある。 ・分割会社（A 社）の会社規模が小さくなる可能性がある。 ・分割承継会社（B 社）は分割後 3 年間は，純資産価額の計算上，土地や家屋は通常の取引価格により評価される。

5 現物分配・現物出資

(1) 概要

現物分配や現物出資などは，グループ内の資産を効果的かつ効率的に活用するため，別の会社に移転させる際に用いられる手法です。

現物分配は，会社が株主に対して金銭以外の財産で配当を行うことで，例えば，子会社が保有する資産を親会社に移転させたい場合などで活用できます。資産管理会社に不動産等を移転させて，資産管理会社に不動産の管理を任せる，他の会社は本業に専念するなどの経営効率化を図ることができます。

なお，会社法上の剰余金の分配に該当するため，分配可能額の範囲内でしか現物分配できない点は留意する必要があります。譲渡の場合は買い手の買取価額の資金負担が生じますが，現物分配は対価なしに資産を移転できるというのが最大のメリットです。資産取得資金の調達が困難であったり，事業丸ごとではなく資産のみを移転させたいケースには有効です。

現物出資は，不動産などの金銭以外の財産により出資を行うことで，子会社が親会社の保有する特定の不動産を取得したい場合などで活用できます。一定の金額を超える出資財産については，裁判所選任の検査役等の証明が必要となります。

図表 7-24　現物分配と現物出資のイメージ

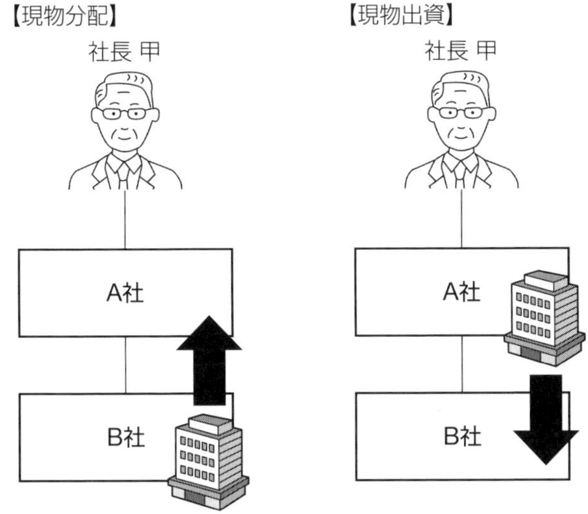

(2) 会計

完全支配関係のある法人間で現物分配が行われた場合の会計処理についてです。現物分配法人は配当の効力発生日における配当財産の適正な帳簿価額をもって，その他資本剰余金又はその他利益剰余金を減額し，損益は認識されません。被現物分配法人については，「事業分離等に関する会計基準」で定められており，保有していた株式の実質的な引き換えとして処理を行うものとされております。すなわち，配当財産を帳簿価額で計上し，現物分配法人の株式の簿価を減額します。

(3)　税務

適格現物分配の税務は，会計と同様，帳簿価額で譲渡があったものとして譲渡損益は発生せず，源泉徴収の必要もありません（法法 62 の 5 ③，所法 181，24）。被現物分配法人も分配直前の帳簿価額により受け入れ，受取配当金については全額益金不算入となります（法法 62 の 5 ④，法令 123 の 6）。なお，みなし配当事由により現物分配を受けた場合は，金銭の場合と同様，株式の譲渡損益と受取配当金を認識し，譲渡損益は不計上（資本金等の額）となります。

また，消費税は不課税となりますが，不動産取得税や登録免許税については譲渡と同様に課税が生じます。

適格現物出資についても，資産の帳簿価額がそのまま被現物出資の会社に引き継がれるため，会計も税務も譲渡損益を認識しません。一方で，増資により資本金が増加するため，中小企業の税制優遇措置が適用できなくなる場合や，均等割りが増加するケースもあります。そのため，現物出資に代えてグループ法人税制を活用した寄附による資産の移転も併せて検討することをおすすめします。

図表 7-25 〉会計処理と税務処理（適格現物分配を前提）

親会社（A 社）の現物分配を受けた際の処理

(1) 会計処理

（土地・建物）	100,000,000	（子会社株式）	95,000,000	子会社株式の帳簿価額×配当財産／子会社の株主資本
		（交換利益）	5,000,000	貸借差額

(2) 税務処理

（土地・建物）	100,000,000	（受取配当金）	100,000,000

所得の金額の計算に関する明細書（別表 4）

	総額	処分	
		留保	社外流出
【加算】			
受取配当金計上漏れ	100,000,000	100,000,000	
【減算】			
適格現物分配に係る益金不算入	100,000,000		100,000,000
現物配当に伴う交換利益否認	5,000,000	5,000,000	

Ⅰ．利益積立金額の計算に関する明細書（別表 5）

	期首	当期の増減		翌期首
		減	増	
子会社株式			95,000,000	95,000,000

(4)　株価への影響

株価対策として活用できる例としては，株式移転や株式交換により持株会社化後に親会社が株式保有特定会社となるような場合，それを解消する一手法として現物分配が検討されます。子会社が保有する不動産などの資産を親会社に移転した結果，株式保有割合が副次的に引き下がるためです。

ただし，株価対策としては現物分配よりも資産譲渡の方が，親会社は資金調達を要することから純資産増加を抑えられるため有効です。完全支配関係のある内国法人間の資産譲渡であればグループ法人税制が適用されるため，一定の資産を売却した場合の売却損益も繰り延べられ，課税が生じません。

一方で，親会社の利益を引き下げる，親会社の純資産価額（相続税評価額）を引き下げる手法として，現物出資又は寄附により親会社の保有する資産を子会社に移転する方法も考えられます。法人による完全支配関係のある内国法人間の寄附であればグループ法人税制が適用され，寄附金は損金不算入，受贈益は益金不算入となるため課税は生じません。

図表 7-26〉子会社の資産を親会社に移転する手法

手法	メリット	デメリット
資産譲渡	・譲渡益の一時繰延べ ・手続が簡単	・買い手の買取資金の準備が必要 ・消費税が課税
現物分配	・対価が不要 ・消費税が不課税	・分配可能額を超える配当は不可 ・株主総会特別決議が必要 ・親会社の純資産が増加する

図表 7-27〉親会社の資産を子会社に移転する手法

手法	メリット	デメリット
寄附	・寄附金損金不算入，受贈益益金不算入 ・対価不要で手続が簡単	・親会社が保有する子会社株式の簿価が増加する（簿価修正）
現物出資	・対価は株式のため子会社側で買取資金が不要	・一定の金額を超える財産を出資する場合は検査役等の証明が必要 ・子会社の資本金が増加する

資産の移転を検討する場合は，それぞれのメリット・デメリットをよく把握した上でどの手法を採用すべきかを検討する必要があります。

3 争続対策編

1 分割型分割

(1) 概要

分割型分割は，次の図のように横（兄弟会社）に事業を移転する手法です。

図表 7-28 分割型分割のイメージ

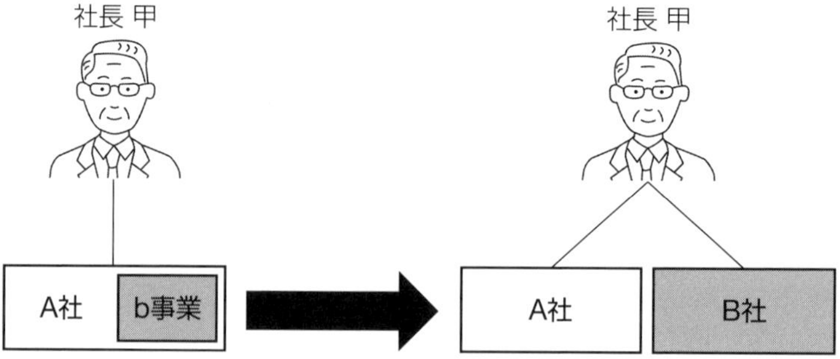

(2) 会計

会計上は「共通支配下の取引」の場合，移転する資産負債を適正な帳簿価額で引き継ぎます。分割承継会社の株主資本等の変動額は，分割承継会社が分割契約で定めた資本金又は資本剰余金として処理をするか，又は分割会社の資本金及び資本剰余金を分割承継会社の資本剰余金として引き継ぎ，利益剰余金をその他利益剰余金として引き継ぐ処理を行います。分割会社の株主資本等の変動は，取締役会等の会社の意思決定機関において定められた額となります。

(3)　税務

税務上は適格分割型分割の場合，分割承継会社は分割会社から移転する資産負債を簿価で移転し，純資産の部については次の算式により計算した資本金等の額を増額させ，利益積立金はその差額になります（法法62の2，法令8①六，9①三）。分割会社は，分割承継法人が増加する資本金等の額と利益積立金と同額の資本金等の額と利益積立金を減少させます（法令8①十五，9①十）。

【資本金等の額】

〈資本金等の額〉

分割直前の資本金等の額×分割移転割合

$$\text{分割移転割合} = \frac{\text{移転資産負債の簿価純資産額}}{\text{分割前事業年度末の簿価純資産額}} \left(\begin{array}{c}\text{小数点以下3位}\\ \text{未満切り上げ}\end{array}\right)$$

※１　分割直前の資本金等の額がゼロ以下の場合はゼロ

※２　分割直前の資本金等の額及び分子がゼロを超え，かつ，分母の金額がゼロ以下である場合は１

図表 7-29〉同族会社を前提とした場合の適格要件（単独新設分割型分割の場合）

株式保有関係	100％グループ	50％超 100％未満
金銭等不交付要件	○	○
継続保有要件	○※１	○※２
非按分型分割に該当しない	○	○
主要資産負債引継要件※３	—	○
従業者引継要件※４	—	○
事業継続要件※５	—	○

※１　分割後に，新設した分割承継法人との間に同一の者による100％支配関係が見込まれること

※２　分割後に，新設した分割承継法人との間に同一の者による50％超支配関係が見込まれること

※３　分割事業に係る主要な資産及び負債が分割承継法人に移転していること
※４　分割事業に係る従業者のうち，概ね80％以上に相当する数の者が，分割承継法人の業務に従事することが見込まれること
※５　分割事業が分割承継法人において分割後も引き続き営まれると見込まれること

図表7-30 （具体例）分割会社の処理（適格分割型分割を前提）

分割会社（A社）の処理

(1) 会計処理

（諸負債）	200,000,000	（諸資産）	500,000,000
（その他資本剰余金）	10,000,000		
（繰越利益剰余金）	290,000,000		

(2) 税務処理

資本金等の額	50,000,000
簿価純資産	1,000,000,000
分割移転割合	0.300

（諸負債）	200,000,000	（諸資産）	500,000,000
（資本金等の額）	15,000,000		
（利益積立金）	285,000,000		

Ⅰ．利益積立金額の計算に関する明細書（別表５）

	期首	当期の増減		翌期首
		減	増	
資本金等の額			5,000,000	5,000,000
繰越損益金	950,000,000	950,000,000	660,000,000	660,000,000

Ⅱ．資本金等の額の計算に関する明細書（別表５）

	期首	当期の増減		翌期首
		減	増	
資本金	10,000,000			10,000,000
その他資本剰余金	40,000,000	10,000,000		30,000,000
利益積立金			▲5,000,000	▲5,000,000
差引合計額	50,000,000	10,000,000	▲5,000,000	35,000,000

(4)　株価への影響

分割型分割は，会社分割前のオーナーの株式評価額に比べて評価が高くなるケースがあることに注意する必要があります。会社分割後3年以内に相続が発生した場合，又は贈与した場合には新しく設立した新設会社の株式評価額は純資産価額方式で評価することになります。さらに純資産価額の計算上，移転した土地や家屋の評価額は，分割から3年経過するまでの間通常の取引価格で評価されることになり，一般的に評価が高くなります。

また，合併の場合と逆で，会社を分割するため会社規模が大会社から中会社や小会社などのように小さくなり，類似業種比準価額が使える割合が小さ

図表 7-31　（具体例）分割承継会社の処理（適格分割型分割を前提）

分割承継会社（B社）の処理

(1) 会計処理

（諸資産）	500,000,000	（諸負債）	200,000,000	帳簿価額で引き継ぎ
		（資本金）	10,000,000	分割契約
		（繰越利益剰余金）	290,000,000	引き継ぎ

(2) 税務処理

（諸資産）	500,000,000	（諸負債）	200,000,000	帳簿価額で引き継ぎ
		（資本金等の額）	15,000,000	分割会社の減少額と同額
		（利益積立金）	285,000,000	分割会社の減少額と同額

Ⅰ．利益積立金額の計算に関する明細書（別表5）

	期首	当期の増減		翌期首
		減	増	
資本金等の額			▲5,000,000	▲5,000,000
繰越損益金			290,000,000	290,000,000

Ⅱ．資本金等の額の計算に関する明細書（別表5）

	期首	当期の増減		翌期首
		減	増	
資本金			10,000,000	10,000,000
利益積立金			5,000,000	5,000,000
差引合計額			15,000,000	15,000,000

くなるとオーナーの株式評価の合計（A社+B社）が大きくなる傾向にあります。上記の理由により，分割型分割は株価対策として利用されることはほとんどありませんが，次のようなケースでは有効な事業承継対策になります。

(5) 兄弟で事業ごとに承継させる

後継者候補に兄弟がいる場合，例えば長男が会社を継いでくれるかわからない（又は経営者としての素質があるかわからない）ので，次男も会社に入れておきたい，兄弟の仲が良く次男も経営への参画を希望しているため2人とも役員にしたなど，中小企業には様々な想いや形があります。

先代経営者は，息子2人で協力して共同経営してほしい，株式は2人で半分ずつ承継させたいと願っていても，いざ先代経営者に相続が発生した後は，兄弟で会社の意思決定に相違がありトラブルが生じる恐れは十分想定される

図表7-32 イメージ図（分割型分割⇒相続 or 贈与など）

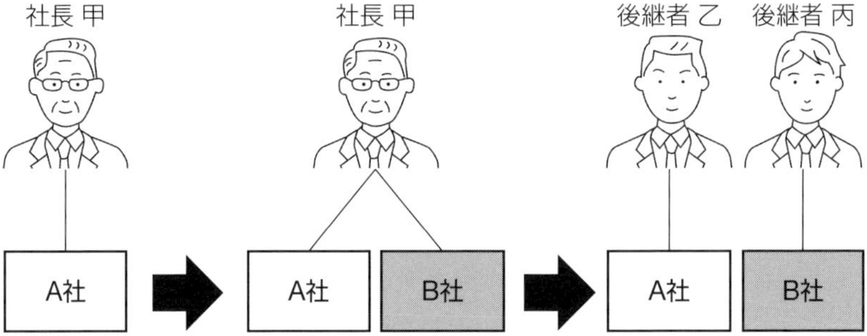

図表7-33 イメージ図（株式承継後に分割型分割⇒株式売買など）

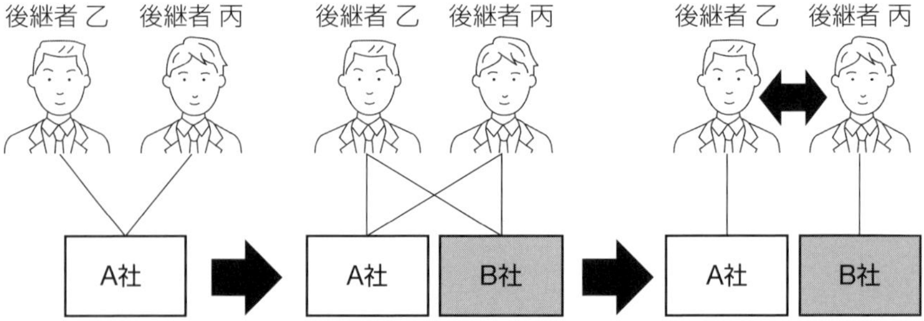

事態です。

仮に，会社の株式はどちらか一方に集約して承継させることとしても遺留分の問題が生じるでしょうし，会社の意思決定は株主が行うので，兄弟で何かしらの対立が生じた場合は，一方が会社を追われるリスクを抱えることになります。兄弟がいる場合などは，将来の承継に備えて，分割型分割などにより生前に会社を２つに分けておくことは有効といえるでしょう。A社とB社に会社を分けて，A社株式とB社株式を兄弟がそれぞれ承継することで，遺産分割とその後の会社経営に係るトラブルを未然に防ぐことができます。

このような承継をするためには，株式の承継をする前に分割型分割をしておく必要があります。株式を息子２人に承継させた後に，会社を分けてそれぞれ承継させる場合は税負担が生じる可能性があるためです。というのも，適格分割型分割とする場合は按分型分割（分割承継法人の株式を分割法人の株主割合に応じて割り当て）でなければなりません。非按分型分割（A社株式は兄へ，B社株式は弟へ割り当て）とした場合は，税務上非適格になってしまいます。按分型分割をして，それぞれの会社を兄弟が株式を所有する形にした後，お互いに株式の譲渡や贈与などの解消を図る方法も考えられますが，この場合も資金負担や譲渡税・贈与税などのコストが生じる可能性がありますので，やはり株式の承継前に会社を分割しておくことをおすすめします。

2　納税資金確保や遺留分対策

経営者は，自らの財産をつぎ込み，会社の発展に努力してきた結果，相続財産に占める割合がほぼ自社株式となっていることはよくあることです。相続税の納税資金が確保できずに，会社を第三者に譲渡，もしくは廃業せざるを得ないということになる恐れさえあります。納税資金の確保は会社を永続させるためにも必要となります。

また，納税資金のみならず，非後継者の相続人に承継させる財産の確保も同じく必要です。後継者の安定的な株式保有と経営権の確保は，経営安定化のためには必須です。非後継者の相続人には，自社株式を無議決権化して一部承継させることも選択肢の一つではありますが，できるだけ事業と関連しない金融資産などの財産を遺留分対策として確保しておく方がよいでしょう。

納税資金や非後継者に対する遺留分対策の資金を準備するにあたり，まず会社で資金を用意できそうか，外部への売却を通じて一部財産の現金化をすべきか検討する必要があります。その後，その資金をどのように現経営者や後継者に確保させるか検討しましょう。役員報酬を引き上げる，退職金を支給する，金庫株（自社株取得）するという選択肢はすぐに思い浮かぶかもしれません。

しかし，役員報酬は高くなると総合課税で所得税の負担が大きくなりますし，退職金は功績倍率等により出せる限度がある，金庫株は通常は総合課税のため負担が大きくなります。

相続開始後の金庫株でみなし配当課税の特例を適用できるようなケースは資金確保の方法の一つかもしれません。みなし配当課税の特例とは，相続等や相続時精算課税制度で取得した株式について，相続税を課された者が，相続開始の翌日から3年10か月以内に，相続税の課税対象となった株式を金庫株した場合，みなし配当所得は生じず，譲渡対価全額が譲渡所得に係る収入金額となる特例です（措法9の7）。全額が分離課税の対象となるため，一般的に税負担が軽減されます。

また，組織再編を活用した資金確保の方法もあります。例えば，分割型分割により兄弟会社を設立しておき，A社の利益蓄積より株式買取資金の準備

図表 7-34 組織再編を活用した納税資金確保

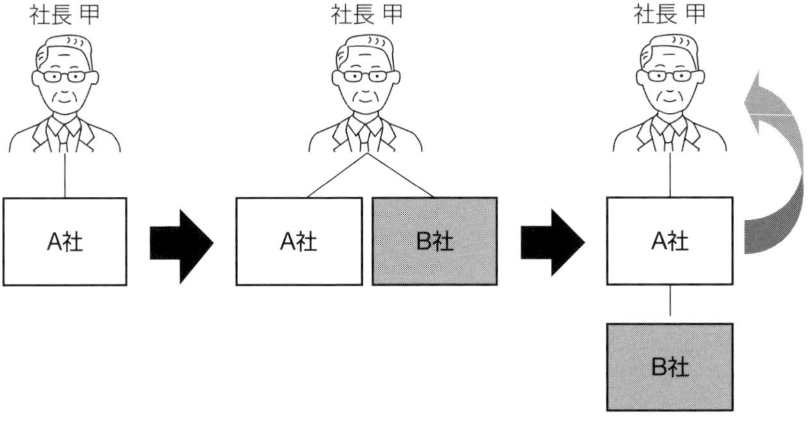

をします。将来，A社がB社株式の買取を行ってオーナーは資金を確保する方法です。株式譲渡であれば，20.315％の一定の課税負担で会社から資金を引き出すことができます。金庫株では保有株数が減り，議決権割合が減ってしまうのに対し，株式譲渡はA社の議決権が確保できていれば支配権を維持できるというメリットもあります。

会社で資金を確保することが困難なケースにあっては，同族会社内ではなく第三者に株式譲渡して，事業を一部現金化することを検討する必要があるかもしれません。例えば，不動産を保有する会社と事業会社を分社し，不動産を保有する会社を第三者に売却して資金を確保するという，いわゆる不動産M&Aです。不動産を直接売却すると含み益に対して法人税が課税され，さらにそれを金庫株や役員報酬などで個人が引き出そうとすると所得税などの負担が生じるのに対し，不動産M&Aでは個人の株式譲渡所得20.315％のみですむため，高い節税効果も望めます。

これは，平成29年度の税制改正で適格分割となるための支配関係継続要件について，分割後に分割承継法人との間で支配関係が継続することが見込まれることに改められ，分割法人との間の支配関係の継続見込は要件から除外されたことに起因します。ただし，譲渡する法人の資産の70％以上が土地などで構成されている場合で，土地を売却した年の1月1日現在でその土

図表7-35　事業の一部現金化（不動産M&A）

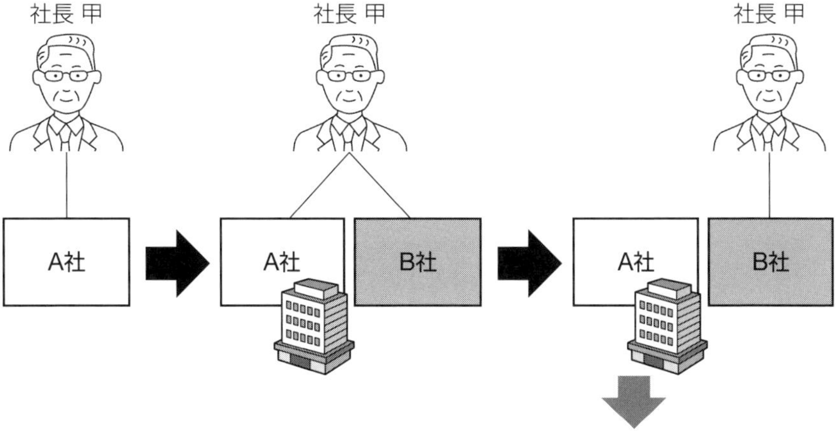

図表 7-36 〉分割型分割の効果と留意点

効果	・兄弟への会社の承継に効果的。 ・納税資金や遺留分対策の資金捻出方法として活用できる。
留意点	・株価対策にはならない。高くなるケースもある。

地の所有期間が５年以下の場合，株式などの譲渡による事業形態をとるものの，その実態が土地などの譲渡とみなされ，短期譲渡所得として約40％の課税が生じる恐れもあるため注意が必要です（参考条文：法令４の３⑥，措法32②，措令21③）。

4 財務改善編

企業再生のケースでも，組織再編を活用することがよくあります。会社を再建させ，事業を継続する方法はいくつかありますが，一般的に実施されている方法として第二会社方式による再生手法が挙げられます。

第二会社方式は，過剰な借入金等により財務状況が悪化している会社から

図表 7-37 〉第二会社方式による事業再生

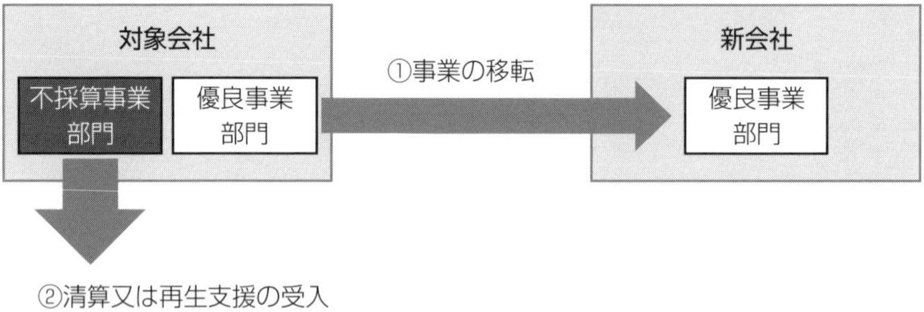

第二会社方式による事業再生のSTEP	
STEP1	事業を優良事業と不採算事業に分ける
STEP2	存続させる優良事業を別の会社（＝第二会社）へ譲渡（又は分割）
STEP3	不採算事業のみが残った会社は，清算又は再生支援を受ける

収益力のある「優良事業（GOOD 会社）」と「不採算事業（BAD 会社）」とに区分し，優良事業のみを新会社（第二会社）へ譲渡・移管することで，新会社で事業を継続し，会社の再建を図っていく方法です。優良事業を切り離す際には，事業譲渡又は分社型分割が利用されます。なお，この場合，優良事業は分割承継会社（新会社），不採算事業は分割会社とします。

第二会社方式を利用することで，新会社は，譲渡・移管された収益事業により事業を継続し，従業員の雇用を守る等の社会的な存在意義を見出すことになります。一方，旧会社には不採算事業と過剰債務が残されますが，金融機関など債権者の協力を得て，過剰債務の免除等の再生支援を受ける，もしくは特別清算などにより清算することになります。

なぜこのような方法がとられるかというと，単純に債務免除を受ける場合，債務免除益に対する課税が生じてしまうという問題があります。債務超過に陥っている会社が清算する際には「特別清算」という法的手続を経る必要がありますが，この清算期間中の各事業年度終了の日において残余財産がないと見込まれる場合は，期限切れ欠損金を損金に算入できることからこの方法が活用されています（法法59）。

また，債権者側としても，事業活動している会社に対して直接債権放棄す

図表 7-38〉会社分割を利用した第二会社方式の手順

①　存続させる優良事業を会社分割により切り離す

②　分割承継会社（第二会社）より株式の交付を受ける

③　新交付された新たな株式をスポンサーへ株式譲渡

④　スポンサーから株式譲渡の対価を受ける

⑤　株式譲渡の対価を原資に債権者や金融機関に弁済を行う

⑥　債権者や金融機関等から債務免除や DES 等の再生支援を受け，事業継続を図る

⑦　再生支援によっても再起不能の場合，会社清算を行う

ることはハードルが高いですが，特別清算では裁判所が関与するため，債務免除を行いやすいという事情もあります。

ただし，金融機関にとって債権カットは容易に受け入れられるものではないため，不採算事業とともに残った債務にかかる債権者には十分な説明を行って同意を得る，又は適正な対価を確保するなどの対応が重要となります。

第二会社方式の会社分割は，株式をスポンサーなどの第三者へ売却することを前提としているため，税制非適格の会社分割となるのが一般的です。税制非適格の会社分割の場合は，受皿会社（第二会社）に対して，時価で分割承継させることになります。その結果，受皿会社（第二会社）においては，分割承継した受入純資産価額（承継した資産負債の差額）と支払対価（株式）との差額は，会計上及び税務上において「のれん」として認識され，会計上では20年以内での均等償却，税務上では5年の均等償却（強制）を行います。

なお，企業再生のケースのみならず，例えば入札や取引先，金融機関との

図表 7-39 会社分割（分社型分割）スキーム

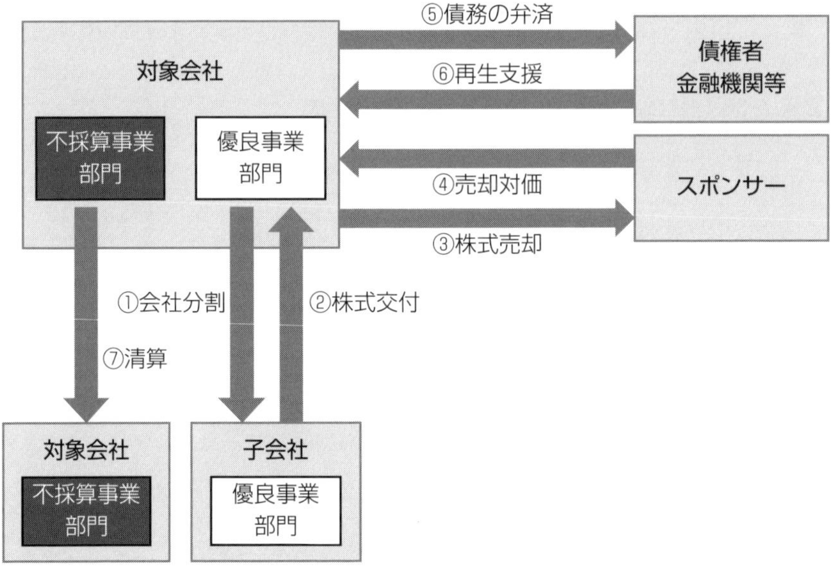

関係などで，対外的に主要な事業の自己資本比率を高くしたいというようなニーズにも組織再編で対応できます。不動産賃貸などの事業を分社型分割などにより分社し，独立させることで総資産が減少し，結果として自己資本比率を高めることができるのです。

PART 3

第3部

総合事例編

第8章

事例で伝える成長支援

今まで事業承継の重要性をお伝えしてきましたが，事業承継に向けての行動は，承継だけではなく，事業そのものにインパクトを与えることも忘れてはいけません。

「経営の継続」ほど難しい課題はないと思います。昨今のコロナ禍では，こんな事態を誰が想像しえたでしょうか。多くの事業者が廃業を選択していますし，継続をすることを決断した企業であっても，大きな負債を背負ったり，事業の転換を余儀なくされたりするケースも多数見受けられます。そのような社会状況の中でも，生き残るためにたくさんの変化が起きています。テレワーク，リモート会議などは既に日常生活に定着しつつありますし，事業そのものを転換した企業もあります。現代においては，変化することを常としなければ，経営の永続は得られません。情勢が変化する中で，理念やお客様への思いなど大切なものを変わらず守り，一方で市場や価値観などの変化に柔軟に対応していく必要があります。

企業を取り巻く外部の環境変化に柔軟に対応するため，企業の組織改革が必要とされることもあります。組織改革は大きくなれば大きくなるほど実行が難しいものです。なぜならそこに人がいて，利害や思惑がうごめいているからです。企業は社員の心の結集であり，その心をないがしろにすることはできません。組織改革にあたって，社員の心を一つにするには，ビジョンの共有や大義名分が必要となります。世界情勢が大きく動くときはなおさらです。大きな組織改革は平時には実行しづらく，有事の時こそ実行できるものです。事業承継は今経営者が直面している課題を解決に導く千載一遇のチャンスと言っても過言ではありません。そこで企業の未来を創るための変化に，事業承継がどう影響を与えたか，組織再編を用いてどのように解決したかを実際に体験した実例に沿ってお伝えします。

1 生え抜き社員の抜擢とホールディングス化

第1章で述べたように事業承継が進まない理由の一つに後継者不足が挙げられます。2022年の東京商工リサーチの調査では，後継者不在率が59.90％となっており国内企業の半数以上で後継者が決まっていない状況です。

図表8-1 後継者不在率（産業別）

産業	2022年			2021年
	不在率	有り〈社〉	無し〈社〉	不在率
農・林・漁・鉱業	51.96％	867	938	50.08％
建設業	60.11％	11,983	18,064	58.30％
製造業	53.45％	16,905	19,412	52.18％
卸売業	58.92％	13,678	19,620	57.26％
小売業	62.19％	5,968	9,819	61.18％
金融・保険業	54.51％	776	930	54.86％
不動産業	59.88％	2,414	3,604	58.97％
運輸業	55.84％	3,797	4,803	54.63％
情報通信業	76.93％	1,820	6,070	76.80％
サービス業他	64.75％	10,822	19,886	63.78％
合計	59.90％	69,030	103,146	58.62％

（出典：東京商工リサーチ）

中国に「一国は一人を以て興り，一人を以て亡ぶ」という故事成語があります。たった一人の賢者の出現により，一つの国が生まれ発展し，またたった一人の愚者の出現により一つの国が滅亡するということです。これは国に限ったものでなく，あらゆる企業・組織に共通するものです。だからこそ，後継者育成は積極的に取り組まざるをえないのです。

それでは，後継者はどのようにすれば育つのでしょうか。経営者が望むような経営能力を，当初から身につけている人材などそもそもいるはずはありません。たとえ素質があっても，磨きをかけなければ優秀な経営者は生まれません。

ここでいう経営能力とは大きく２つに分けられます。１つは事業に関連する知識・技術の分野，もう１つが先見性や統率力などといった分野です。知識・技術の分野は自然と身につきますが，先見性や統率力を自然と身につけていく人間は数少ないでしょう。ですので，経営者は後継者に対して，まず企業の理念を深く刻み込むことを行い，そして血の通った経営を実体験させるということが必要になってくるのです。

企業理念やビジョンは，繰り返しあらゆる場面で伝えることが重要です。純粋な刷り込み作戦です。ただ理念を伝えるのではなく，相手の置かれた立場で経営者たる自分ならその理念に沿ってどのような思いを抱くのか，どのような決断を下すのか，その結果どのような効果を及ぼすのか，そういったことを伝えていくことが重要です。経営理念やビジョンを唱和している企業がよくありますが，理念を唱和してもその人の心の中に理念やビジョンが根づいていない企業も多く見かけます。深く心の奥底に理念を落とし込むために，大きな夢を共有することで理念に基づく思考プロセスを具体化していくのです。

続いて経営の実体験ですが，それを実践する方法として一般に権限移譲が挙げられます。そのためにホールディングスと事業会社に機能分化を行った事例をご紹介しましょう。

事　例　①

【相談内容】相続税対策を全く行ってこなかったため，相続税が25億円ほどかかる見込み。後継者は決まっていないが，今後のために対策は実行しておきたい。

活用した組織再編：株式移転＋分割型分割

図表8-2〉クライアントの状況

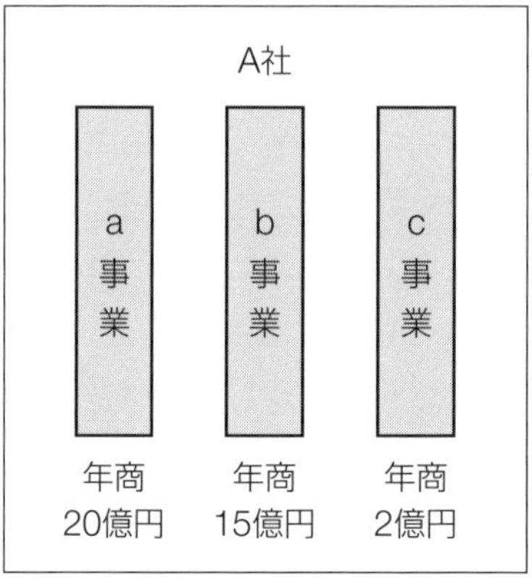

1 事例の概要

当初の相談内容は相続税についてでした。相続税の対策は外部に相談しやすい問題です。しかしながら，話を聞くと経営者は相続税だけでなく，事業にも悩みを抱えていることがわかりました。高収益部門と不採算部門があり，不採算部門が全体的な経営を圧迫していること，各事業において信頼のおける管理者が不在であることなどの悩みを抱えていたのです。また，事業を永続させるためにどのような企業体系が最適かということも以前より悩んでいました。

しかしながら，当時の顧問税理士に相談をしても，的を射る返答はなく，しまいには不採算部門の事業を廃止して該当不動産を売却することを提案されたようです。いくら不採算部門といっても，経営者にとってその事業は何より大切にしたい思い入れのある事業です。仮にいつかそのような決断を提案しなければならない時が来るかもしれませんが，その提案ができるほどの努力を当時の顧問税理士はできていなかったようです。

先代のころからの顧問税理士で長いお付き合いでしたが，経営者はさすがにその提案に我慢できず，今回の相談に至ったわけです。そこで所有と経営の分離をはかり，相続税対策の実行がスムーズで，かつ自律的に行動することのできる組織体制を整えることを提案し，実行に至りました。

2 組織体制づくり

複数の事業を１つの法人格で行っていたので，まずはそれぞれの事業を独立させ，それを永続させるという意志のもとホールディングスを設立しました。ホールディングスの役員については各事業の幹部も検討しましたが，幹部には各事業の経営に専念してもらうために，創業オーナー家のみで設立をしました。

組織は，企業の成長とともに常に進化し続けなければなりません。創業したばかりで企業の規模が小さければこのような取組みは不要でしょう。経営者が全てを把握し，あらゆることの意思決定を行い，また指示を出すことができるからです。しかしながら，企業の規模が大きくなると，経営者が日常の全てに意思決定すれば機動力は低下し，その成長スピードは鈍化してしまいます。成長していくためには，適切に権限移譲していかなければなりません。

図表8-3 ホールディングス化後

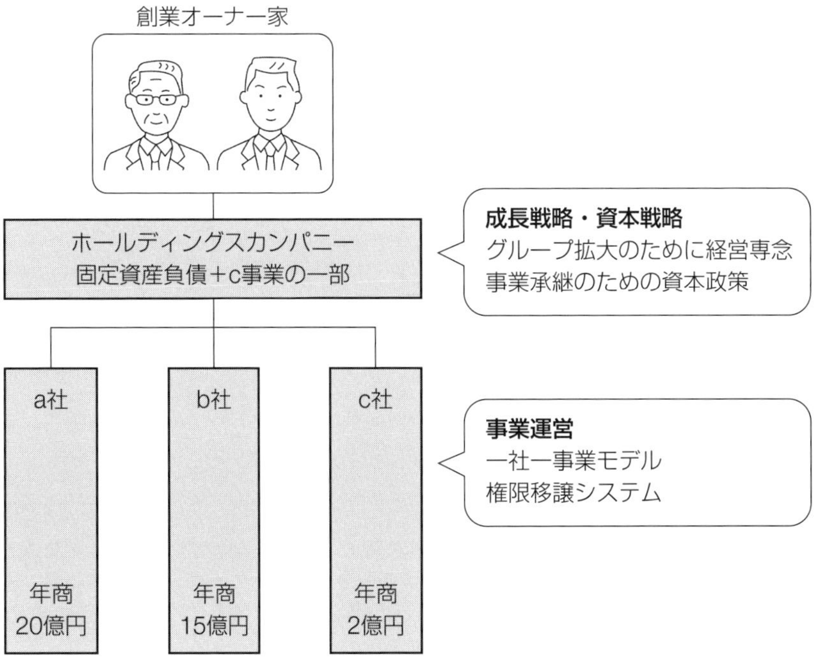

権限移譲にはいくつかの方法があります。一般には一連の経済活動を，営業部・管理部・製造部などの部門に分け，それぞれに管理者を配置して会社全体の機能を分化させることが多いように思います。このような組織体制は，効率がよく，互いの業務の棲み分けも明確で，機能ごとの専門性を高めるには有効な組織形態です。ただし，各部署間の利害が対立するのでセクショナリズムやコンフリクトが生じやすく，その調整や全社的な意思決定はトップに依存するより仕方がありません。トップへの依存が強い組織は，後継者が育成されにくい組織であり，これでは現状の改善にとどまり，問題の解決に至らない可能性がありました。

そこで一社一事業モデルによる会社組織の分化を行うことにしました。ご相談を受けたＡ社は，それぞれの事業が地理的にも業務の内容においても明らかに３つに分かれた事業形態でしたので，一社一事業体制への変更に大きな支障はありませんでした。一社一事業モデルへの移行は業務のプロセスの循環が事業部単位で完結するため，各社の管理者の裁量が大きくなり，マーケットニーズの変化に対して素早い対応が取れるというメリットがあります。

先ほどの機能ごとの分化と比較すると，各事業会社ごとに共通する業務があるなど効率性は低くなりますが，後継者が経営の一部，例えば生産性だけであったり，営業成績だけであったり，営業利益だけであったり，そのような一部にのみ責任を持つわけではなく，その一事業全ての利益に加えて，貸借対照表やキャッシュフローにも責任を持つことができるようになるので管理者の成長にはとても重要であると判断しました。一方で先ほども問題となったセクショナリズムですが，これに関しては機能分化を採用しようと事業分化を採用しようと発生する問題です。機能分化時のような利害対立ということはありませんが，自分の会社さえよければいい，他社は関係ないという意識は，自然と醸成される傾向があります。特に各々の会社が業務を一生懸命遂行すればするほど当然にそうなっていくものです。

決して，分社した決断が間違っていたわけではなく，各管理者及び従業員の資質が低いわけでもありません。それはこれから越えていくべきプロセスなのです。

3　権限移譲・機能分化

ホールディングスは，グループ戦略の意思決定をし，事業会社は決定されたグループ戦略を執行する役割を果たします。セクショナリズムを排除し，また事業会社が自律的な組織となるための機能分化を以下のように定めました。

図表 8-4　ホールディングスと事業会社の役割分担

	ホールディングス	事業会社
意思決定	・基礎的・事業横断的な研究開発	・事業運営の執行判断
	・経営陣の人事	・事業会社内の人事
	・一定規模以上の設備投資計画判断	・一定規模以下の設備投資計画判断
管理	・グループ全体のビジョン策定	・事業会社の経営方針の策定
	・グループ全体の経営方針策定	・事業会社の予算と進捗管理
	・グループ全体の経営計画策定，KPI 管理	・事業会社の雇用戦略・人材育成

ホールディングスがグループ全体を中長期で管理しているので，事業会社は一つの事業に特化し，その範囲での一切の判断を任されるという位置づけになります。権限移譲の狙いは顧客やマーケットに近いところに戦略上の意思決定権を与えるところにあるため，事業会社経営者は徹底的に事業及び顧客と向き合いそのニーズをスピーディーに戦略に反映させて収益力を向上させることに注力します。

一方で先ほども申し上げたとおり，組織化はセクショナリズムが発生し連帯感が欠如する傾向にあります。グループの文化を，他と協調し他と協力し合い，ともにグループの未来を創造することが必要不可欠です。それが一瞬でも崩れれば，会社に対する従業員の信用はなくなります。さらに一度崩れたものはなかなか元には戻りません。

現代は，信用というようなあいまいなものに重点をおく人は少数かもしれません。そのようなものがなくとも，変わらず仕事をして，対価を得ることを継続できる可能性も高いでしょう。しかし，成長する企業には，成長させたいという気持ちや社会貢献したいという組織の風土が存在し，それを成すためにはグループ理念が重要になるのです。

当初のご相談は事業承継のための相続税対策でしたが，実行の柱となったのは組織再編を活用した組織改革でした。所有と経営を分離し，分離した所有に関して相続税対策を実行し，また経営に関し後継者育成を行うための施策として，ホールディングス化は有効な手法です。

2 人事評価の透明性確保による ES 向上

人事評価という言葉は，スタッフの査定をするという会社側の一方的な行為ととらえられる傾向にありますが，決してそうではありません。組織は人で成り立ち，その両者がプラスでなければ事業を継続させることはできません。なぜなら組織は複数の人の集合体であり，その複数の人は誰一人として全く同じ価値観の人は存在しないからです。1 つの目的を達成していくために力を合わせていく人の集団を昇華させたものが組織だからです。

組織の成果のために人の成長が必要であり，人が成長するためには人の育成が必要です。育成のために評価を行うのです。ランク付けするための評価ではありません。もちろん知識技能の習熟度も評価の一項目ですが，その人自身の持つ能力を生かすことができているか，労働条件は適正か，仕事内容について満足しているかなど，常に最適最良の評価を目指し，評価そのものが対象者の鏡となるような評価を実践していく必要があります。

日本は生産年齢人口（15 歳以上 64 歳以下の人口）が減少しており，雇用を確保することが難しくなっています。そのような中で最も大事にすべきことは経営者と社員の想いを一つの方向にすることであり，そのステップが人事評価となります。一方で，人事評価を含めた人に関することに悩まされる経営者は増加しています。環境の変化とともに人の価値観に変化が生じていることもありますし，昔と比較すると労働者の権利が強くなり，労働者とどのように関わったらいいのかわからないといった声も聞かれます。

それでは次に，人事についての相談事例を紹介します。

事　例　②

【相談内容】複数ある事業の中である１つの事業における退職金規定を変更したい。自分がいる間は多少問題が発生しても何とかなるが，将来問題が発生しないよう今自分がいる間に対策を講じたい。

活用した組織再編：分割型分割＋共同株式移転

図表 8-5 〉クライアントの状況

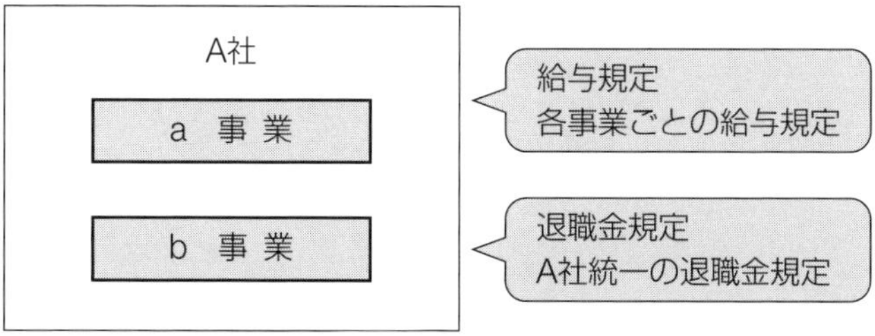

1　事例の概要

この経営者は，複数の事業を長く経営されており，各事業はある程度独立した状態で経営が行われていました。各事業に古くから所属する職員は経営者が他の事業をしていることを知っている一方，新しい職員などは他の事業の存在さえも知らない状態でした。給与規定は長年かけて各事業ごとに作成されていました。事業によって，給与の相場が異なることはもちろん，資格や求める能力，勤務時間などが異なるのですから，当然のことといえると思います。a 事業は，長く事業形態が変わらず安定した事業であり，給与規定も大きな改定がなく数十年を経過していました。b 事業は，a 事業と比較すると環境が大きく変化し，数十年の間に平均給与が上昇し，また事業におけるサービスの提供の幅が広がったことにより各種手当が付加されていました。しかし一方で，退職金規定はａ事業と同一のものを使用していました。同業他社の退職金の支給状況は，ａ事業では一般的といえる内容でしたが，ｂ事業に関してはかなり高額な退職金の支給となっている状態でした。

2 一社一事業体制の確立

そこでｂ事業の管理者に退職金規定の改定について，提案することになりました。

ｂ事業は，ここ数年赤字経営が続いており，事業単独で考えれば規定上の退職金を払える状況ではありません。

今回のケースでは複数の事業における退職金規定が同一であることが表面上明らかな問題でしたが，それは管理者が，定められた事業遂行責任しか負わない状況から発生している問題といえます。そこで経営者に，管理者がた

図表 8-6 ホールディングス化後

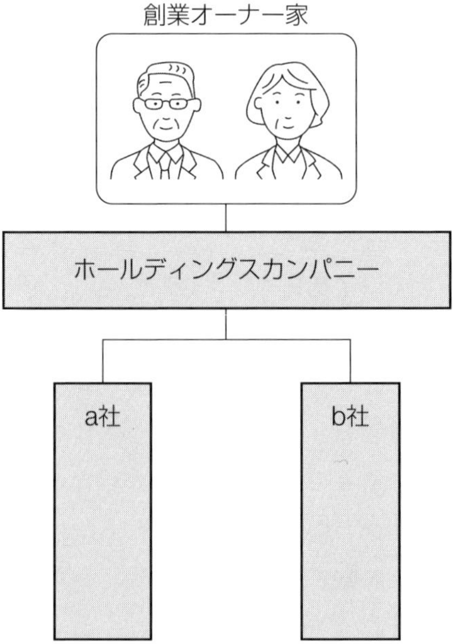

だ雇用されているではなく，自らの意思で事業を行うために会社を分け，統括的にグループを管理するホールディングスを設立することを提案しました。一社一事業の体制の確立です。

組織改革にあたっては，b 事業の管理者に事業承継のために法人組織を分けたこと，安易に別会社に頼ることもできないし，別会社と同一である必要はないこと。機動性が高まり，もっと自由に事業展開をしていいことなどを伝えました。

手続としては，分割型分割を用いて兄弟会社化し，共同株式移転をもって，ホールディングス化を実行しました。その後，b 事業の中心メンバーと毎月の経営会議を開催し，財務に軸足をおいた経営管理を行いました。現実の財務状況を常に把握し，収益改善・利益増加の思考ロジックを整理し，目的達成の行動の明確化，さらに実行に移せる組織作りを行ってきました。

管理者の入れ替わりなどがあり，b 事業の収益構造の解決を図ることはできないまでも，着目すべき項目は中心メンバーの中で共通認識となりました。分社より１年が経過したころ，退職金の件について今のままでは事業の継続が難しいことをｂ社の管理者と話し退職金規定の変更に至りました。従業員も実は退職金の具体的な規定は理解している者が少なく，本件に関して従業員に提案をした時は，期待を超えるまとまった退職金をもらえる喜びが勝り，既得権益を放棄したくないという気持ちが大きい状態でしたが，時が経過するにつれ，長く勤務する自分たちだけが利益を享受するわけにはいかない，事業継続を前提とした皆が納得できる退職金の支給を受けるべきだという考えに変化したのです。驚いたことに，a 会社と比較して不平等だという人は一人もいませんでした。そして各事業にあった人事評価制度の設計が始まったのです。

会社分割は，事業部に応じた適切な人事評価設計及び労働規則の整備を可能とするのみならず，一管理部の責任者を会社のトップに据えることで，幹部社員に経営意識を芽生えさせることのできる有効な手法といえます。

3 M&Aのしやすさ

時代の変化とともに，企業も変化をしていかなければならないとお伝えしていますが，それは単に内部的なことだけではありません。新しい事業に挑戦することもあれば，事業を縮小することも必要です。近年M&Aの件数が年々増加しています。M&Aは「ノウハウを構築する時間を買う」戦略であるといわれています。既に資本が投下され，ある程度の収益性があり，その収益を得るための人材もそこにはいます。新規事業への拡大には効率的な方法です。しかしながらM&Aを実行した後，従業員との調和がとれなかったり，想定した効果が得られなかったりという実例も数多くあります。

M&Aをすることの是非をここで問うことはしませんが，少なくとも変化の激しい現代において，効率的な事業展開及び事業承継の手法の一つとして，M&Aは積極的に選択されるものとなっています。その際，どのようにM&Aを実行していけばいいのでしょうか。

事　例　③

経営者
56歳

後継者
なし

【相談内容】 複数ある事業の中で一事業を廃止する決意をしたが，具体的にどう実行していいのか，もしくはM&Aができるのかわからない。

活用した組織再編：分割型分割

図表 8-7　クライアントの状況

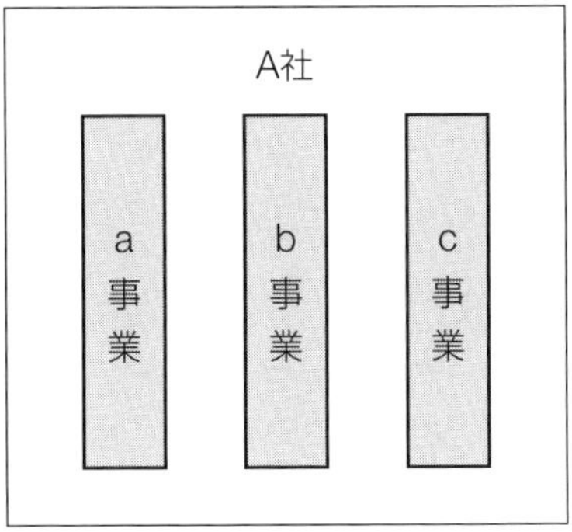

1　事例の概要

この企業は，a，b，c の事業を経営しているものの，どの事業も密接不可分であること，各事業部を任せられる管理者が不在であることから，当然に一法人で事業を行ってきました。

関与当初経営者はまだ若く，経営理念の達成にはどの事業も必要との考えでした。経営者の方針もよく理解できるものでしたし，それを支えていく必要があると弊社では考えていました。

しかしながら時が経ち，経営者が年を重ねると，次第に体力的にも精神的にも全ての事業を継続していくことが難しくなってきました。それはよくあることだと思います。そこで今回の相談に至ったわけです。

３つの事業のうち c 事業は，現在新規で行うことはできない事業であり，市場で M&A がなされることも増えてきている事業です。M&A の世界では，市場価格がある程度固定化しており，具体的な M&A 価格の提案や買い手候補もすぐに見つかりました。c 事業を手放すという決断は苦渋の選択でしたが，思いもよらず事業が金銭化するということで，少しばかりの期待を胸に M&A 実行に向けての検討を始めることにしました。しかしながら M&A 実行は決して容易ではなく，以下の課題があることが明らかとなりました。

- c 事業は A 社が取得している許認可がないとできない事業であるため，M&A を実行するには c 事業単独で手放しても意味を成さず，A 社全て

を譲渡しなければならないこと

・　一方，A 社の全てを譲渡した場合に，A 社には経営者としては今後も継続したい a 事業や b 事業だけでなく，手放したくない不動産や商標権のような権利も含まれており，A 社を譲渡する前に新たな会社を立ち上げ，全てを新会社に移行するのは現実的ではないこと

以上より，現状のまま A 社の M&A は現実的に不可能という結論に至りました。しかしながら，組織再編を活用すれば上記の課題は解決できます。そこで私たちは,「分割型分割を活用した M&A」を提案し,実行を支援しました。

2 分割型分割と M&A の実行

具体的には，次の手順のとおりです。

・　M&A の対象となる c 事業を A 社（分割法人）に残し，a 事業及び b 事業並びに他資産，負債を新設法人（分割承継法人）に移転する分割型分割の実行

・　c 事業のみ有する A 社の M&A の実行

このスキームですが，実は最近まで提案が難しいものでした。中小企業に組織再編を提案する際に適格要件を充足するか否かは重要な論点です。しかしながら平成 29 年度の税制改正が行われる前は，このスキームを実行する

図表 8-8　分割型分割を活用した M&A

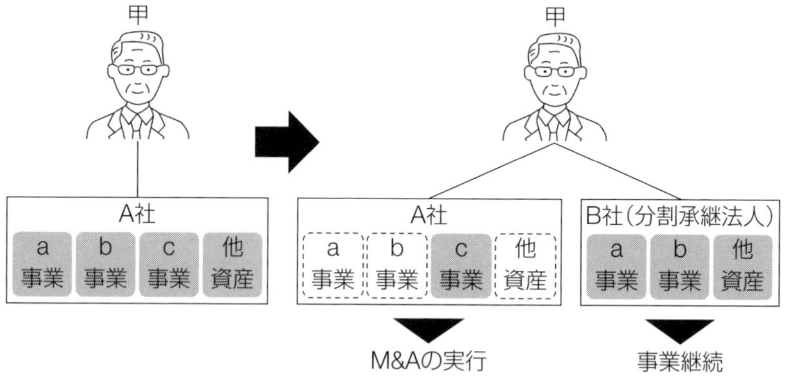

と非適格分割に該当してしまうため，多くのケースでは提案ができなかったのです。適格分割に該当するための要件の一つとして，継続保有要件がありますが，平成 29 年度の税制改正前後で次のように改正され，平成 29 年 10 月 1 日以後の分割について適用されています（法令 4）。

図表 8-9　税制改正前後の取扱い

内容	平成 29 年度税制改正前	平成 29 年度税制改正後
継続保有要件	一の者と分割法人及び分割承継法人との間の関係が継続することが見込まれていること。	一の者と分割承継法人との間の関係が継続することが見込まれていること。

この改正により，適格性を充足する形で一部の事業のみを売却できるようになったことから，M&A の幅が多分に広がりました。例えば，不採算事業と優良事業を切り離して優良事業のみを M&A することもできますし，事業会社が有する賃貸不動産のみを家族に残し，事業のみを M&A することも可能となったのです。

分割型分割の活用は，後継者不足の中小企業の事業承継を後押しする有効な一手といえるでしょう。

第9章

失敗事例から学ぶ組織再編活用術

前章までで，組織再編の有用性がおわかりいただけたかと思います。組織再編が事業承継，そしてこれからの企業の成長戦略の一助となりえるのです。

一方で，特に事業承継問題は，経営者が比較的若く検討の緊急性が低い場合には，検討を据え置きされているケースが多いのではないでしょうか。しかしながら，事業承継問題を放置しておくと，会社存続を脅かす可能性も十分に考えられます。事業承継は経営戦略です。会社存続の要であり，また，しっかりと対策を講じることで事業承継コストを数千万円単位で抑えることもできるのです。つまり，会社の資金負担を抑制することは，会社の増益と同義といえます。

ここからは事業承継対策を検討・実施しなかった結果，残念ながら円滑な事業承継を果たせなかった失敗事例を基に，具体的な説明をしていきます。現状，これらの問題を抱えている会社であっても，組織再編を用いて課題を解決する手法は数多くあるということを伝えていきたいと思います。また，皆さんが大切にされている顧問先が同じような失敗をしてしまわないように，反面教師にしていただければ幸いです。

1　兄弟の対立（分割型分割）

事　例　①

【業種】 不動産賃貸業

【株主】甲 200 株（100％）

【売上高】87,000 千円（賃貸収入は a 物件と b 物件の 2 物件で同程度規模）

【総資産】657,000 千円

【純資産（内資本金）】13,000 千円（10,000 千円）

【税引前利益】3,000 千円

【従業員数】5 名

図表 9-1　クライアントの状況

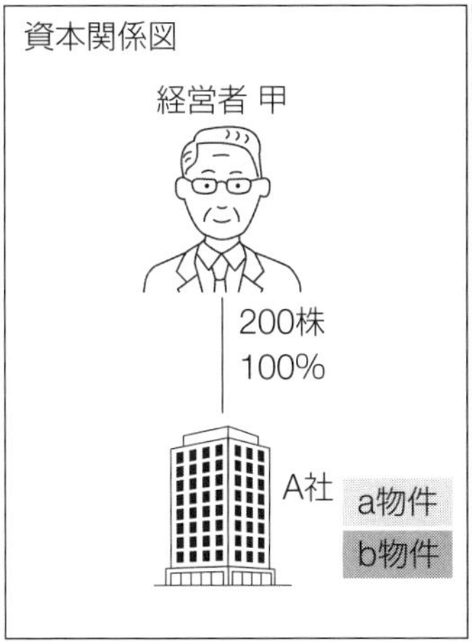

業種	不動産賃貸業
会社規模	中会社の小
売上高	87,000千円
総資産	657,000千円
純資産	13,000千円
資本金	10,000千円
税引前利益	3,000千円
従業員数(株価評価上)	5名

1　事例の概要

A 社は不動産賃貸業を営む会社です。

A 社の経営者である甲は，相続で受け継いだ先祖代々の土地を有効活用するため，不動産会社を起業しました。起業後は，金融機関からの借入で建物を取得し賃貸収入を得ながら不動産経営を行っています。近年は，入居率も安定しており，毎年の約定弁済後も多少の資金余剰が残ります。

甲には２人の息子がいました。幼少期は兄弟の仲は良かったものの，大人になるにつれ疎遠となっていました。後継者候補として２人とも A 社に入社したものの，性格は正に正反対で，積極的で事業拡大を図りたい兄である乙と，保守的で現状を保ちたい弟の丙。甲にとっては２人ともかわいい息子で，どちらを後継者にするか決めかねていたのです。後継者を決める目的で遺言を作成してしまうと２人の息子に優劣をつけることになりそうで，遺言書を作ることもなく，生前の株式の承継も進めていませんでした。

そんな折，甲は持病が悪化し，急逝しました。兄弟間での今後の経営方針の違いやお互いが会社を継ぎたいという気持ちなどから遺産分割方針がまとまらず，甲持分のＡ社株式 200 株は乙と丙で 50 %ずつ分けることになってしまいました。

その結果，Ａ社株式は乙 100 株 (50 %)・丙 100 株 (50 %) となり，２人とも代表取締役になりましたが，これでは株主としての力が対等であるため重要な意思決定を行うことができません。月日が流れ，数年後，性格の不一致の影響により，経営上の方針をめぐって乙と丙との間で対立が起きました。ともに 50 %ずつの保有割合のため，例えば古くなってきた建物の修繕を行おうにも業者の選定で話がまとまりません。好条件な物件売却の話が上がっても，売りたい乙と売りたくない丙で意見が合わず話が流れてしまったこともあります。このように，重要な経営方針が決定できず経営が不安定となっていました。

図表 9-2　親族関係図

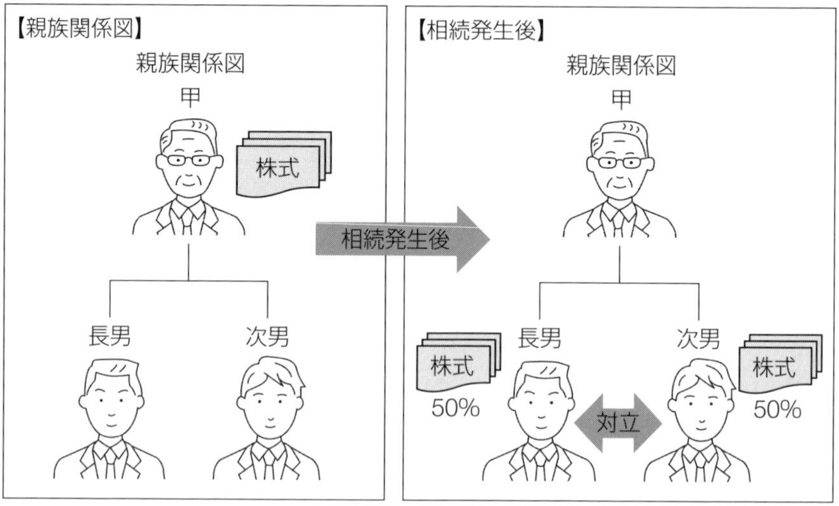

2 失敗の Point

今回のケースは，親族内後継者候補が２人以上いる場合によく起こる事例です。一番の失敗要因は，生前において後継者を決めていなかったことです。

甲は，生前に『いつ，だれに，どのような方法で』承継していくかを決定する必要があったと考えられます。会社の将来の方向性を決め，その方向性に沿って経営をしていくことができる後継者選びが必要でした。しかし，甲はそれを決めきれずに先延ばしにしていました。甲の本心としては，自分にもしもの事があったら兄弟仲良くやって会社を守っていって欲しいとの願いがあったのかもしれません。しかし，残された側の兄弟２人はそんな甲の想いを知るよしもなく，甲亡き後，関係性がさらに悪化してしまう結果となってしまいました。

3 成功への道筋

では，本件ではどのような対策が有効であったでしょうか。

A社には不動産がa物件とb物件の２つあり，同程度の規模の賃貸収入がありました。そのため，会社分割という組織再編を活用することで，A社にa物件（A事業），B社にb物件（B事業）と，物件別（事業別）に２つに分割し，A社を乙がB社を丙が承継できるようにしておくことが有効な対策だったと考えられます。

こうすれば，お互いが相手の会社に口を出すこともなく，兄弟それぞれの経営方針で会社経営を進めていくことができました。もし甲が生前に組織再編を有効に活用し，スムーズな事業承継ができれば，２人の兄弟仲がさらに悪化することはなかったかもしれません。

図表 9-3 〉会社分割後

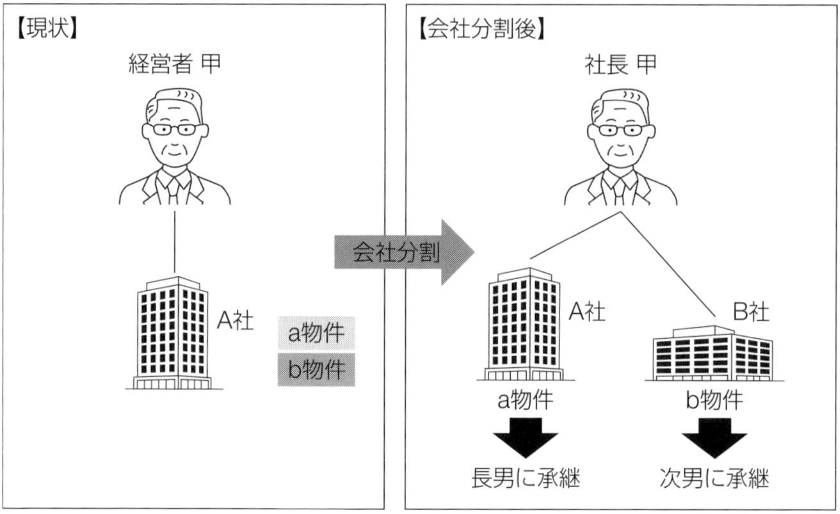

4 参考

別の対策案として次男である丙がB社を新規設立し，b物件をA社からB社へ譲渡により移転するという方法も考えられます。しかし，流通税（登録免許税や不動産取得税）や物件買取資金の負担が多額にかかってくるという問題は，要注意事項です。

会社分割の場合，登録免許税は譲渡と同様にかかってきますが，不動産取得税は一定の要件を満たすことで非課税となるため，移転コストの点においても，会社分割は有効な手段であると考えられます。

ただし，会社分割をすることで，株価評価上の会社規模が小さくなってしまい，会社分割前と比べ，株価が上昇してしまうかもしれないので注意が必要です。併せて，新設分割による場合，設立後3年未満は純資産価額方式によって評価しなければならない点も注意が必要です。

また，税務面以外のところでいうと，許認可が必要な事業がある場合には，分割後の会社にその事業を移すときは，その許認可が引き継げるかどうかを十分に確認する必要もあります。

会社分割前後の１株当たりの株価及び株価総額は下記のようになります。前述したとおり会社分割をすることで会社規模及び評価方法の変更により，会社分割後は株価の総額が増加しています。なお，会社分割後の株価計算にあたっては簡便的に純資産及び利益を 50 %分承継したと仮定して算定しています。

図表 9-4〉分割後の株価

評価方式	現状	分割後		
	A 社	A 社	B 社	合計
会社規模	中会社の小	小会社	小会社	
類似業種比準価額	15,000 円	7,000 円	7,000 円	
純資産価額	65,000 円	32,500 円	32,500 円	
1 株あたり相続税評価額	35,000 円	19,750 円	32,500 円	
発行済株式総数	200 株	200 株	200 株	
株価総額	7,000 千円	3,950 千円	6,500 千円	10,450 千円

B 社は設立後３年内のため，純資産価額方式

2　合併による経営効率の向上と株価引下げ（合併）

事　例　②

A 社

【業種】 小売業（アウトドア用品販売）

【株主】 甲 1,000 株（100 %）

【役員】 甲（経営者）

【売上高】 1,008,000 千円

【総資産】 761,000 千円

【純資産（内資本金）】 386,000 千円（15,000 千円）

【税引前利益】 78,000 千円

【従業員数】 65 人

B社

【業種】宿泊業

【株主】甲 200 株（100 %）

【役員】甲（経営者）

【売上高】445,000 千円

【総資産】421,000 千円

【純資産（内資本金）】△ 151,000 千円（10,000 千円）

【税引前利益】△ 34,000 千円

【従業員数】30 名

図表 9-5 〉クライアントの状況

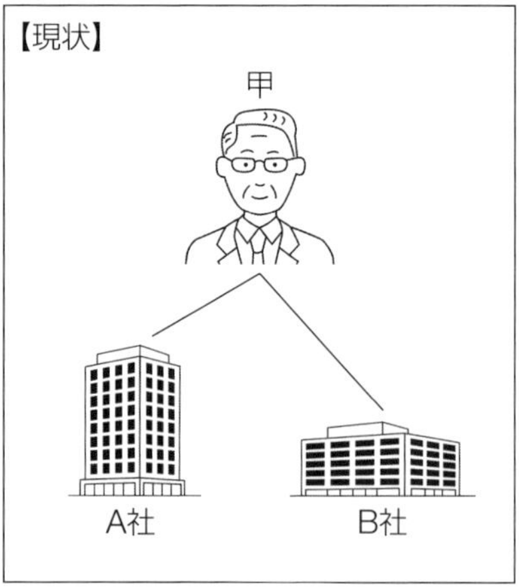

A社	業種	小売業
	会社規模	中会社の大
	売上高	1,008,000 千円
	総資産	761,000 千円
	純資産	386,000 千円
	資本金	15,000 千円
	税引前利益	78,000 千円
	従業員数（株価評価上）	65 名

B社	業種	旅館業
	会社規模	中会社の中
	売上高	445,000 千円
	総資産	421,000 千円
	純資産	△ 151,000 千円
	資本金	10,000 千円
	税引前利益	△ 34,000 千円
	従業員数（株価評価上）	30 名

1 事例の概要

A 社と B 社はどちらも甲が 100 %出資をしているグループ会社です。

A 社はアウトドア用品販売を営んでおり，キャンプやハイキング，釣り，野外フェスなどアウトドア分野が好調で業績は右肩上がりです。また，社歴も長いため過去の利益の蓄積により純資産も潤沢にある会社です。社員教育もしっかりとしており，活気溢れる会社で従業員全員が楽しそうに仕事をしていました。

一方，B 社は旅館を経営していますが，国内旅行者や海外からのインバウンド旅行者の需要減少に伴い，業績赤字，かつ債務超過の状態が継続しています。業績不振から従業員のモチベーションも低下傾向で，お客様に対する接客にも影響が出てきてしまっている状態でした。甲は体制を立て直そうと奮起していましたが，業績がついてこないため，なかなか思うように改善は進んでいません。

2 失敗の Point

A 社と B 社は業種こそ違いますが，甲のマネジメントのもと事業展開が行われていました。しかし，A 社と B 社のそれぞれに間接部門を設けていたためコスト負担が重く，また，各社の従業員間で人事交流もないため，グループ会社という意識は乏しく，経営理念やビジョンに対する温度差が生じていました。B 社で生じた赤字は，繰越欠損金として将来の黒字と相殺して税負担を軽減することができます。しかし，B 社の業績が回復しなければ繰越欠損金を活用することはできません。一方で業績好調な A 社では黒字による納税が生じていますので，グループ全体で見ると資金効率も悪い状態です。

当然のことながら赤字が続けば資金が枯渇します。B 社の事業をなんとか継続させるため，A 社から B 社に対して資金融通を行っていました。A 社の従業員は，B 社の業績が低迷していることは理解しているものの，自分たちは頑張って好業績であるにもかかわらず昇給や賞与などの還元がない処遇に不満を募らせていました。甲の経営努力も虚しく，いよいよ B 社は資金繰りが悪化し，従業員を数名解雇しなければならない状況に陥ってしまいました。

なお，株価評価上は，優良企業のA社と債務超過会社のB社とそれぞれ単体で株式評価を行っていました。債務超過会社のB社の株価はゼロ円として評価され，マイナス評価はされず，優良企業のA社の株価には影響がありません。

3 成功への道筋

A社を合併法人，B社を被合併法人とする100％グループ内での無対価合併が効果的です。

まず，A社は黒字で納税，B社は赤字で欠損金を繰り越す，といったグループ会社でみると無駄な納税を解消できます。加えて，合併により間接部門の統一化が図られることから，コスト削減も期待できます。角度を変えて考察すると，グループ間の合併は，経営効率を向上させる効果もあります。A社とB社の創業者は同じため，経営理念やビジョンの共通点が多くありました。

また，指揮系統，社内制度，人事評価，管理システムなども共通点が多く，統合がしやすい環境が整っていました。合併により経営理念の浸透がスムーズに行え，従業員同士のコミュニケーションの活性化が期待でき，組織形態がシンプルになることで，迅速な意思決定，業務の効率化で企業成長が加速します。さらには従業員の交流によるモチベーションの上昇も副次的効果として得られたかもしれません。

図表 9-6 〉無対価合併後

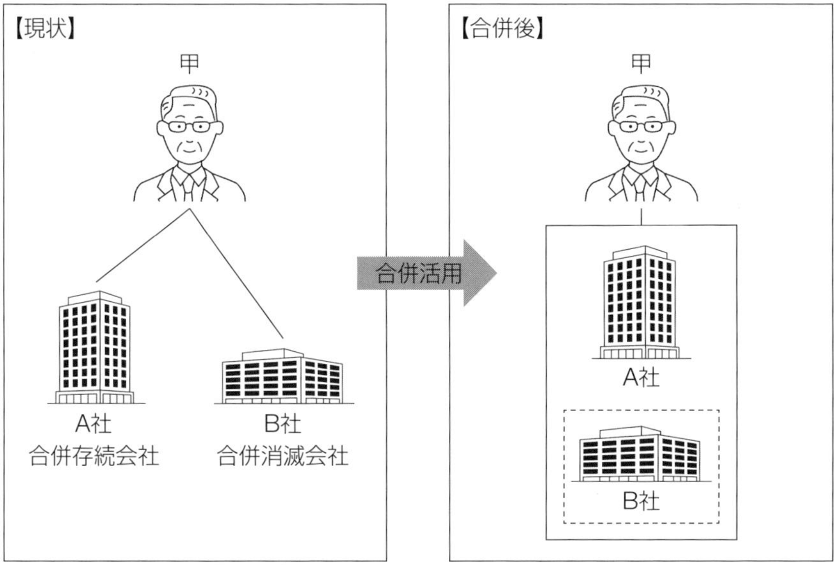

さらに，株価引き下げ効果も期待できるでしょう。合併により会社規模が大きくなることで，一般的に純資産価額よりも評価額が低く算出される類似業種比準価額の採用割合が増加するためです。加えて，債務超過の会社を合併することでＡ社とＢ社の純資産価額を相殺しますので，純資産価額評価が相当に低くなる可能性もあります。

4　参考

上述のとおり，合併により株価評価上の会社規模が大きくなり，副次的効果として株価が低くなるケースがあります。

しかし，合併直後に株式評価を行う場合，合併により評価会社の会社実体に大きな変化があると認められるときは，比準３要素が適切に把握できない可能性があるため，類似業種比準価額方式での評価が制限されます。そのため，合併事業年度と合併翌事業年度においては，類似業種比準価額方式により評価することができないと解されます。結果として，純資産価額方式により株価評価することになるため，合併前と比べ株価が上昇する可能性があります。

大切なことですが，株価が上昇する可能性があるからといって，一概に合併が失敗だったというわけではありません。合併によりグループ全体の財務体質改善や経営効率の上昇メリットを得るために，合併を検討することが重要であるためです。また，合併しただけで業績が改善するわけではありません。合併後も，事業の廃止やスリム化，借入条件や取引条件の見直しなど，我々税理士はお客様に寄り添った提案を続ける必要があります。

また，合併後の株価を算定する際の純資産価額は，合併により受け入れた資産のうち土地等，家屋等は，課税時期前３年以内に取得した土地等，家屋等として路線価や固定資産税評価額ではなく，課税時期の通常の取引価額で評価しなければなりません。そして，繰越欠損金の引継ぎ制限についても注意が必要です。適格合併では，被合併法人が有していた繰越欠損金は，原則として合併法人に引き継がれますが，多額の繰越欠損金を有する法人を買収し，その後，適格合併を行うことにより，被合併法人の繰越欠損金を不当に

図表 9-7　無対価合併後の株価

評価方式	現状			合併直後	合併から２年経過後
	A社	B社	合計	A社	A社
会社規模	中会社の大	中会社の中		大会社	大会社
類似業種比準価額	302,000円	0円		181,000円	257,010円
純資産価額	386,000円	0円		235,000円	323,000円
１株あたり相続税評価額	310,400円	0円		235,000円	257,010円
発行済株式総数	1,000株	200株		1,000株	1,000株
株価総額	310,400千円	0円	310,400千円	235,000千円	257,010千円

合併直後は，合併の前後で会社実態に変化があると認められるので純資産価額により評価

利用することができないように租税回避防止規定があります。

合併前後の１株当たりの株価の推移及び株価総額の推移は上記のようになります。合併することで，Ｂ社の債務超過の純資産価額へのインパクトと会社規模が大きくなったことにより，結果として株価は下がることとなります。

3　株式交換における株式評価の盲点（株式交換）

事　例　③

Ａ社

【業種】卸売業

【株主】甲 100 株（100％）

【役員】甲（経営者）

【売上高】100,000 千円

【総資産】70,000 千円

【純資産（内資本金）】20,000 千円（5,000 千円）

【税引前利益】10,000 千円

【従業員数】6 名

Ｂ社

【業種】製造業

【株主】甲 200 株（100％）

【役員】甲（経営者）

【売上高】300,000 千円

【総資産】1,000,000 千円

【純資産（内資本金）】600,000 千円（10,000 千円）

【税引前利益】30,000 千円

【従業員数】100 名

図表 9-8 クライアントの状況

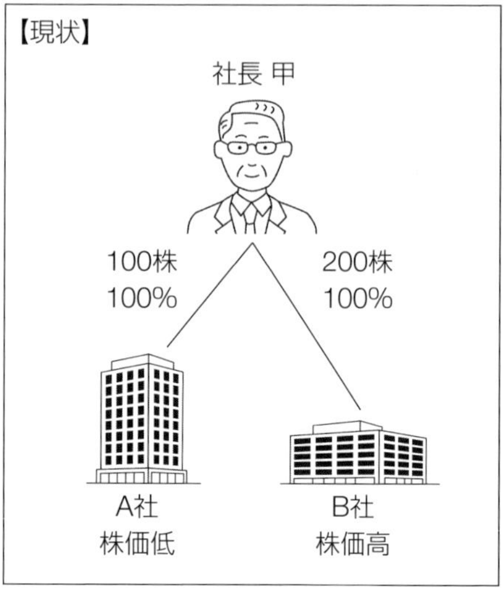

A社	業種	卸売業
	会社規模	中会社（小）
	売上高	100,000 千円
	総資産	70,000 千円
	純資産	20,000 千円
	資本金	5,000 千円
	税引前利益	10,000 千円
	従業員数（株価評価上）	6 名

B社	業種	製造業
	会社規模	大会社
	売上高	300,000 千円
	総資産	1,000,000 千円
	純資産	600,000 千円
	資本金	10,000 千円
	税引前利益	30,000 千円
	従業員数（株価評価上）	100 名

1 事案の概要

甲は製造業を営むＢ社と，Ｂ社で製造した自社製品を販売するＡ社を一代で興し精力的に運営しています。どちらも業績は好調で，甲は株式を 100 % 保有しています。生涯現役を目指す甲でしたが，70 歳を超えてから体調に不安を感じ，後継者である長男への事業承継を考え出しました。株式を贈与しながら，後継者を長期目線で経営ができるような経営者に育てたい，また，Ａ社のブランド力を向上したい，という思いを実現するために顧問税理士に相談し，Ａ社を完全親会社，Ｂ社を完全子会社とする株式交換を行いました。

そして，甲はホールディングスであるA社の社長を維持し，後継者をB社の社長に据えました。ホールディングス体制が順調に行けば，いずれA社も後継者に社長を任せるつもりです。

株式交換により甲は経営面での思いを実現する道筋ができ，一安心していたのですが，自社株式の評価額について見落としがあったことがわかったのです。株式交換により自社株式の評価額が下がり，後継者への株式贈与に係るコスト軽減につながることを副次的効果として期待していたのですが，A社が株式等保有特定会社に該当し，対策前よりも株価が高くなってしまいました。

2 失敗の Point

評価会社の総資産に占める株式等の割合が50％以上となると株式等保有特定会社に該当し，原則的に純資産価額方式，又はS1＋S2方式のどちらか低い方での評価となります（財基通189-3）。

今回のケースでは株式等保有特定会社に該当する可能性を検討していなかったことで，A社の株式評価上，類似業種比準価額を適用できなくなり，株価が高くなってしまいました（実務上はS1＋S2方式も検討しますが，簡便的に省略します）。

3 成功への道筋

株式交換の実行が，株式評価に与える影響をしっかりと理解することが大切です。株式交換による株式評価額への影響は第７章で確認して頂きたいのですが，親会社で類似業種比準価額を活用し，子会社の高額な純資産価額の影響を少なくすることで，株価を引き下げるという仕組みです。一般的には株価が低い方（A社）を親会社，高い方（B社）を子会社にするケースが多いでしょう。

ただし，前述のとおり株式等保有特定会社に該当する場合は原則として純資産価額評価となり，その効果を享受できなくなるため，該当しないよう配慮が必要です。

株式等保有特定会社に該当する場合には，子会社から親会社への配当，収益不動産の購入や事業買収等により資産構成を変え，株式等の保有割合を50 %未満とするための検討も求められます。

4 参考

株式交換前後の 1 株当たりの株価の推移は下記のようになります。

図表 9-9 株式交換後

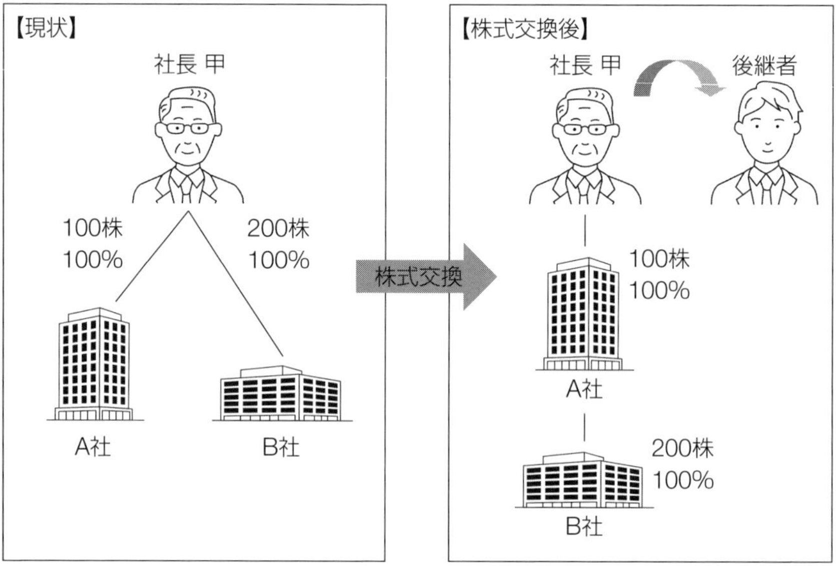

図表 9-10　株式交換後の株価

評価方式	現状			株式交換後
	A社	B社	合計	A社
会社規模	中会社の小	大会社		中会社の小
類似業種比準価額	103,700円	367,400円		113,100円
純資産価額	200,000円	3,000,000円		934,800円
１株あたり相続税評価額	142,000円	367,400円		934,800円
発行済株式総数	100株	200株		100株
株価総額	14,200千円	73,400千円	87,600千円	93,480千円

A社は株式等保有特定会社のため，純資産価額方式
（実務上はS1＋S2方式も検討しますが簡便的に省略）

株式等保有特定会社に該当した場合は，現状の株価合計よりも株式交換後のほうが株価は高くなってしまいます。そこで，ホールディングス対策の一環としていわゆる「株特外し」という手法がありますが，財産評価基本通達において下記のとおり制限されています。

【財産評価基本通達 189】

189　なお，評価会社が，株式等保有特定会社の株式に該当する評価会社かどうかを判定する場合において，課税時期前において合理的な理由もなく評価会社の資産構成に変動があり，その変動が株式等保有特定会社の株式に該当する評価会社と判定されることを免れるためのものと認められるときは，その変動はなかったものとして当該判定を行うものとする。

つまり，「合理的な理由なく，恣意的に株式等保有割合を操作することは認めない」ということです。税務調査などで「ホールディングスの資産内容について，合理的な理由はなく，株式等保有特定会社の株式に該当しないよう，資産を組み替えた」と指摘された場合のリスクにも注意が必要です。

4 事業承継税制とホールディングス経営（株式移転）

事　例　④

【業種】小売業（薬局）

【株主】甲 200 株（100 %）

【役員】甲（経営者）

【売上高】5,000,000 千円

【総資産】1,000,000 千円

【純資産（内資本金）】600,000 千円（10,000 千円）

【税引前利益】150,000 千円

【従業員数】150 名

図表 9-11 〉クライアントの状況

業種	薬局
会社規模	大会社
売上高	5,000,000千円
総資産	1,000,000千円
純資産	600,000千円
資本金	10,000千円
税引前利益	150,000千円
従業員数（株価評価上）	150名

1 事案の概要

甲が経営する薬局の A 社は，創業 50 年を超える老舗の会社です。2 代目の甲は，順調に店舗数を増やし，近年急速に事業を拡大してきました。しかしその一方で，不採算店舗の整理に頭を悩ませています。

顧問税理士は甲が60歳を超えた頃から後継者である一人息子への事業承継対策の必要性を話してきましたが，目の前は不採算店舗の整理や今後の経営について考えることが最優先であり，まだ息子には任せられない，実際に株式を承継する段階で検討すればよいと事業承継に手をつけないまま数年が経ち，甲は急病により他界してしまいました。

A社は利益率が高く，純資産額も蓄積されていたことで，後継者は高額な株価となっている株式を相続することになってしまいました。多額の相続税額の支払に充てるための資金も準備していなかったため，相続税の納税猶予を選択し，何とか相続税の納税を終えたのです。急な社長交代により廃業の可能性もありましたが，後継者の奮闘によりA社は経営を続けることに成功しました。

その後，不採算店舗を整理して資金を確保するために不採算店舗を分割型分割により兄弟会社化し，株式譲渡により早期のM&Aの実行を検討しました。ところが，会社分割を行う場合は納税猶予額の全部又は一部が取り消されてしまうことが判明し，会社分割による方法は諦めて別の方法を検討しなければならない結果となってしまいました。

2　失敗のPoint

納税猶予の認定取消事由に「組織再編があった場合」が含まれており，事例のように分割型分割を実行した場合は納税猶予額の全部又は一部が取り消されてしまうことになります。納税猶予を選択するにあたり，将来の経営面，資本政策でどのような制約が課されるのか事前に確認し，今後想定しうる可能性を踏まえて顧問先に説明ができていませんでした。

もっとも，今回のケースでは納税猶予を選択せざるをえなかったことも事実です。一番の失敗Pointは，甲が生前に事業承継対策を検討・実施しなかったこと，専門家が事業承継の重要性を真剣に訴えることをしなかったことにあると思います。

3 成功への道筋

甲の不採算店舗を整理したいという経営課題や，株価も非常に高く株式の承継は当面は難しい状況を踏まえた場合，次のような提案が考えられます。株式移転によりホールディングスを設立し，ホールディングス株式の承継については贈与税又は相続税の納税猶予の適用を受けるという方法です。

仮にホールディングスで納税猶予の適用を受けた後にA社から不採算店舗を分割型分割したとしても，納税猶予の対象であるホールディングスにおいて組織再編があったわけではないため納税猶予が取り消されることはありません。

なお，ホールディングスが納税猶予の適用を受けるための要件を充足できるかどうか（従業員数，総収入金額，資産管理会社の判定など）は，当然ですが確認が必要です。入口の要件が充足できる場合，ホールディングスは事業会社に比べて雇用確保要件や事業継続要件の充足は満たしやすくなるはずです。

納税猶予を適用する場合には，その後の経営判断により取り消される可能

図表 9-12 〉株式移転後

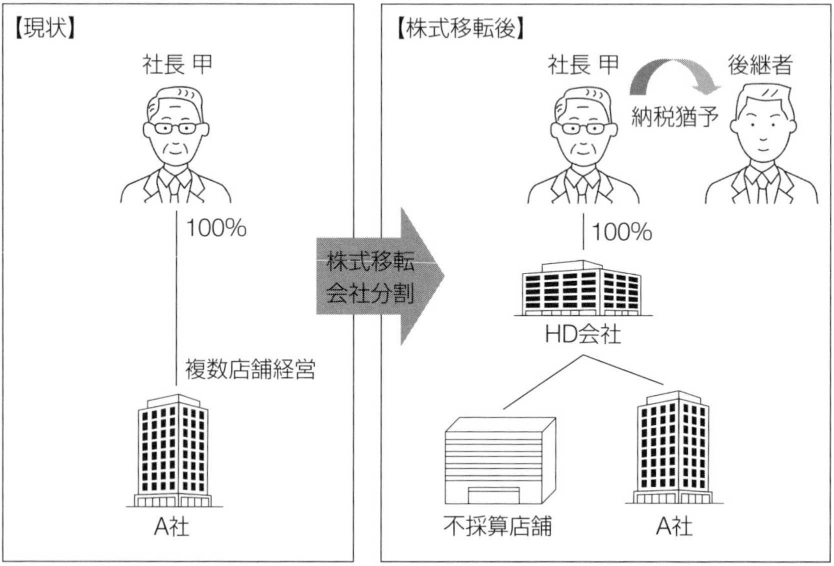

性はないか事前に要件を詳細に確認しておく必要があります。納税猶予は一度選択すると後戻りはできません。我々税理士には，適用後の諸手続のフォロー体制及び制限内容と猶予税額とを比較検討し，適切に提案することが求められます。

また，株式移転により，株式評価額の上昇を抑制する株価対策の効果も生じます。それは，ホールディングスの純資産価額の算定上，保有する子会社株式の評価にあたっては含み益に対して法人税等相当額の控除（以下，37％控除という）が可能なためです。この含み益の計算は，通常，単なる帳簿価額と相続税評価額との差額ではなく，株式移転時の相続税評価額と評価時の相続税評価額との差額になります。したがって，株式移転以降の子会社株式の評価上昇分のみに対して，37％控除ができる点は留意が必要です。これは，現物出資等受入れ差額（株式移転により取得した株式も含まれる）が適用されるためです。

株式移転により設立したホールディングス会社は一般的に，株式等保有特定会社に該当します。ホールディングス会社の資産が増えて株式等保有特定会社に該当しないこととなった場合，ホールディングス会社の純資産や会社規模次第では，さらに株価が抑制される可能性もあります。

4　参考

株式移転後に事業会社からホールディングスへ資金を移転する意図で配当を行うケースも多いかと思いますが，株式移転があった場合の最初の子会社からの受取配当金と所得税額控除の取扱いについては，注意が必要です。

(1)　受取配当等の益金不算入（法法23⑤，法令22の2）

完全子法人株式等に係る受取配当金は，100％益金不算入とされていますが，完全子法人株式等に該当するためには，配当計算期間の初日から当該計算期間の末日までの期間において，継続して完全支配関係があることが必要です。

よって，株式移転後に最初に受け取る配当については完全子法人株式等に該当しない可能性もあり，その場合はその他の株式等に区分され，50％益金不算入となります。

(2) 所得税額控除（法法68①，法令140の2②）

株式移転後に最初に受領する配当において，配当に係る所得税額控除についてはその初回配当の計算の基礎となった期間の開始日から設立の日の前日までその元本の全てを所有していたものとみなして月数計算する株式移転の特例があるため，設立の日以後初回配当の基準日まで株式移転完全子法人株式を継続保有している限り，全額，法人税額から控除することができます。

なお，令和5年10月1日以後に支払を受けるべき完全子法人株式等（株式等保有割合100％）及び関連法人株式等（株式等保有割合3分の1超（直接保有に限る））に係る配当等については，所得税を課さず源泉徴収が不要となります。

5　後継者育成の失敗（成長支援）

事　例　⑤

【業種】 製造業

【株主】 甲110株（55％）長男90株（45％）

【役員】 甲（経営者）・乙（配偶者）・丙（長男）

【売上高】 1,800,000千円

【総資産】 2,700,000千円

【純資産（内資本金）】 93,000千円（10,000千円）

【税引前利益】 4,000千円

【従業員数】 80名

1 事案の概要

製造業を営むＡ社の２代目経営者である甲は，先代経営者から経営を引き継いで数十年間，経営に対する感性とずば抜けた行動力を武器に，取引先との関係強化や人員の採用，新製品の開発などを積極的に行い，ワンマン経営と言われながらも，乙による陰ながらの支えもあり従業員に慕われ，売上規模を順調に拡大し続けてきました。

図表 9-13 〉クライアントの状況

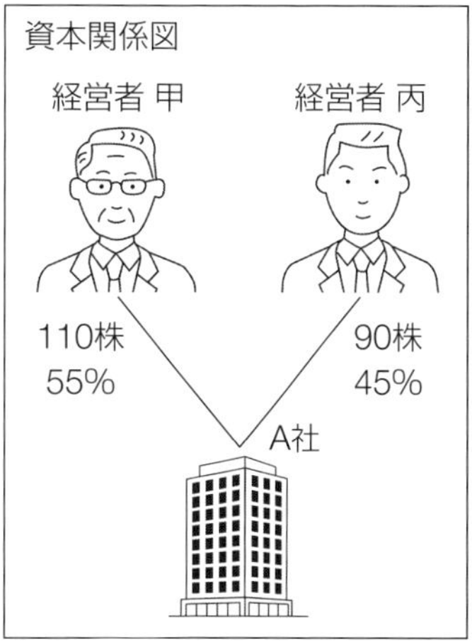

業種	製造業
会社規模	大会社
売上高	1,800,000千円
総資産	2,700,000千円
純資産	93,000千円
資本金	10,000千円
税引前利益	4,000千円
従業員数（株価評価上）	80名

同業他社には絶対に負けたくないという思いも強く，売上目標を声高らかに全従業員に伝えていました。従業員もそんな甲の背中を見て，頑張っていこうと奮起し会社の業績は好調を維持していました。

また甲は，決算書の見方や財務面について疎いという自身の弱点も理解しており，それらを克服するために外部から銀行 OB を雇い入れ，営業面だけでなく財務面にも注力をして経営を行ってきました。甲には，子が３人（長男（丙）・次男・三男）おり，長男の丙に会社を継がせようと考えていました。そのため，経営戦略的には，数年前から丙を会社の役員に入れていましたが，まだ経営を任せるには早すぎるという甲の考えにより，会社の経営は今までどおり甲が一人で取り仕切っていました。

こういった状態が長く続き，結局甲は丙に経営の全権を任さぬまま逝去してしまい，残された丙が甲の後を継いで経営の舵をとらなくてはならない状況になりました。丙はなんとか事業を継続していこうと奮闘しましたが，甲の長年のワンマン経営による影響のせいか，従業員の中には丙の意見に従わない者も多くいました。特に，今まで生え抜きで働いてきた年上のベテラン従業員の退職が相次ぎ，さらに追い打ちをかけるように，甲と属人的な関係であった昔からの取引先も離れ，経営が一気に傾いてしまいました。

2 失敗の Point

丙を後継者にすると決めていたにも関わらず，後継者としての教育・育成・社内周知を行わずにいたことが本事例の失敗 Point です。経営は経験してみないと真にわかることはありません。自身が経営者となってはじめて，覚悟が身につき，俯瞰的な視野で社内外を見据え，会社の舵を切る方向を見定めることができるのです。ましてＡ社は，企業規模が大きく社員数も多いことに加え，ワンマン経営であるからこそ甲に依存した経営体質であったともいえます。甲以外が把握しえない情報や仕組み，取引先との人的なつながりなども多かったことでしょう。

創業者は段階に応じて自分の器を広げ，能力を向上させることができます。しかしながら，後継者はそうではありません。丙はいきなり 80 名の社員を抱える会社を守る能力が求められるのです。「明日から社長」と任命され，すんなりその役割を担える人材は稀です。だからこそ，後継者育成は重要なのです。経営は後天的に身につく能力ですから，先代経営者が健在のうちに会社の内容を把握し，経営の経験を積めれば事態は変わっていたかもしれません。

3 成功への道筋

一般的に，事業承継の準備期間は５年から10年かかるといわれています。物的承継（株式の承継）だけでなく，人的承継（経営の承継）にも相当な時間を要することがその要因です。近い将来，会社の経営を引き継ぐことを視野に入れたときに，戦略的な事業承継計画を立案して，状況に応じて組織再編を活用することが，我々税理士にとって必要不可欠となります。

失敗Pointのケースのように，後継者候補は決まっているのに，まだ若い，まだ早い，ということを理由に会社の経営を任せるのが後手となってしまうことはよく見受けられます。創業者はともかく，後継者にとって会社経営は経験がモノを言う世界であるということを認識し，現経営者が健在のうちに思い切って後継者に経営を任せてみることも円滑な事業承継には必要となります。そうすることで，経営者の目が黒いうちに，後継者に経営の資質があるかどうかを判断することが可能となり，より戦略的な事業承継を実現させることができます。

ただし，完全に経営権を後継者に渡してしまうことはリスクと考える向きもあり，その場合次のような方法が検討されます。

- 株式移転によるホールディングスの設立
- 会社分割を活用した事業部の一部切り離しによるホールディングス化
- 種類株式や属人的株式の活用

例えば，A社の親会社としてホールディングスをつくり，甲はホールディングスの経営をとおしてA社を支援し，直接的には丙がA社を経営していくという格好です。いきなりA社を任せることが不安な場合には，事業の一部を分社化して新会社（新設B社）の代表を丙に任せるのもいいでしょう。

また，種類株式や属人的株式を活用し，株式の大半を丙に持たせることで経営者としての責任を意識してもらう一方で，重要な決定事項については甲がイニシアティブを持つことでリスクヘッジを行う方法も有効です。

いずれの方法も，完全な支配権や経営権を渡してしまうのではなく，経営の一部を任せることで後継者の経営能力を見極め，経営者としてのノウハウを伝える期間を十分に設け，後継者として育成していくことが可能となります。

図表 9-14 ホールディングス化後

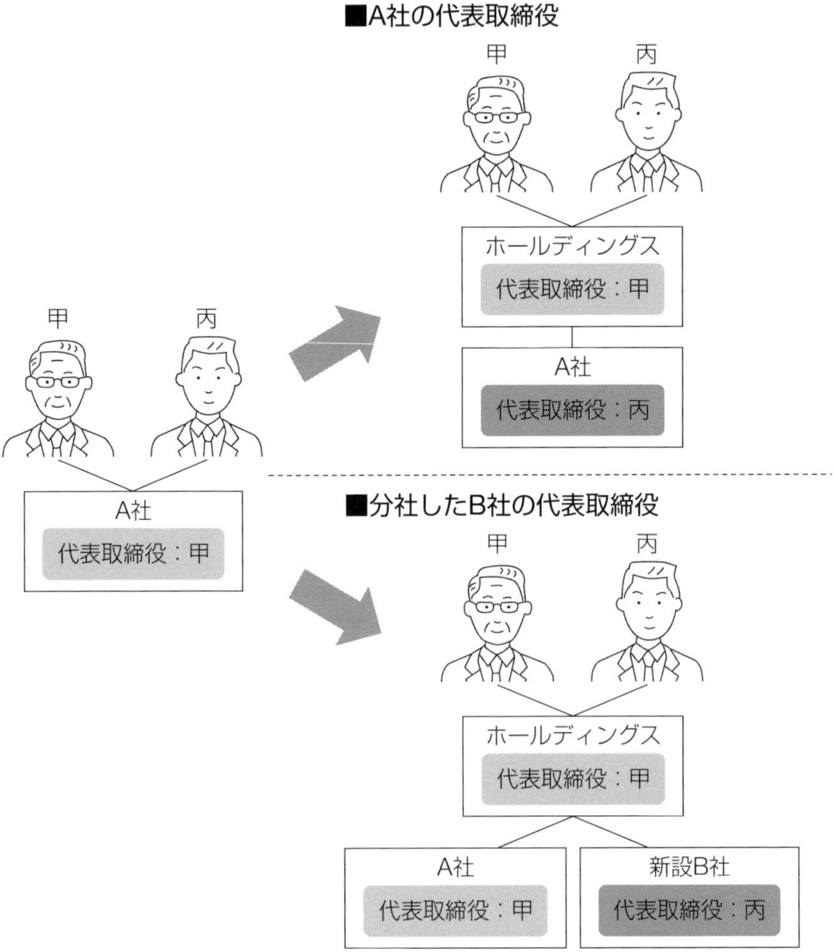

4 参考

会社を誰に引き継がせるかは，事業承継を考える上で最も重要です。

親族内承継（子供），親族外承継（役員・従業員），M&A（第三者）と様々な選択肢がある中で，特に親族内承継，親族外承継に共通していえることは，後継者候補が会社経営をするにあたって必要な資質を備えているかをしっかり見極め，実際に経験を積ませて育成していくことが事業承継を成功させる上で非常に大切だということです。

ご覧のとおり，ホールディングス化の活用方法は，事業承継における株価対策，M&Aの円滑化，適正な人事考課の整備，そして本件のような後継者育成など様々です。ホールディングスや組織再編は，株価対策ばかりに注目が集まることも往々にしてありますが，企業の成長戦略にも十分に活用できます。

最後に，我々税理士がホールディングス化の提案の際，是非意識してほしいことがあります。それは，提案の目的をどこに置くかということです。なんとなしにホールディングス化を図っても，しっかりと機能する可能性は高くありません。ホールディングスを設立するだけでは，現状と何も変わらないのです。中小企業の経営者が，「知人も作っているし，何となく株価も下がると聞いている」くらいの認識でホールディングスを設立しているケースが散見されますが，多くのケースでは機能していません。むしろ，前述のとおりですが，子会社の純資産価額算定上，37％控除の適用がないことから，株価に焦点を置けば逆効果となっているケースまであります。

ホールディングス化はあくまで手段に過ぎません。目的を付与しない限り，機能しないのです。弊社は，ホールディングス化を事業承継のためだけでなく，会社を永続させるため，そして，会社をより発展させるために行うものと捉えており，お客様にこの点を理解した上で決断頂いております。「何のためにホールディングス化をするのか？」を，経営者にしっかり理解していただくことが，我々税理士の責任ではないでしょうか。

6　株式分散の弊害（株式集約）

事　例　⑥

【業種】製造業

【会社規模】中会社（大）

【売上高】500,000 千円

【総資産】1,200,000 千円

【純資産】300,000 千円

【資本金】50,000 千円

【税引前利益】20,000 千円

【従業員数（株価評価上）】40 人

図表 9-15　クライアントの状況

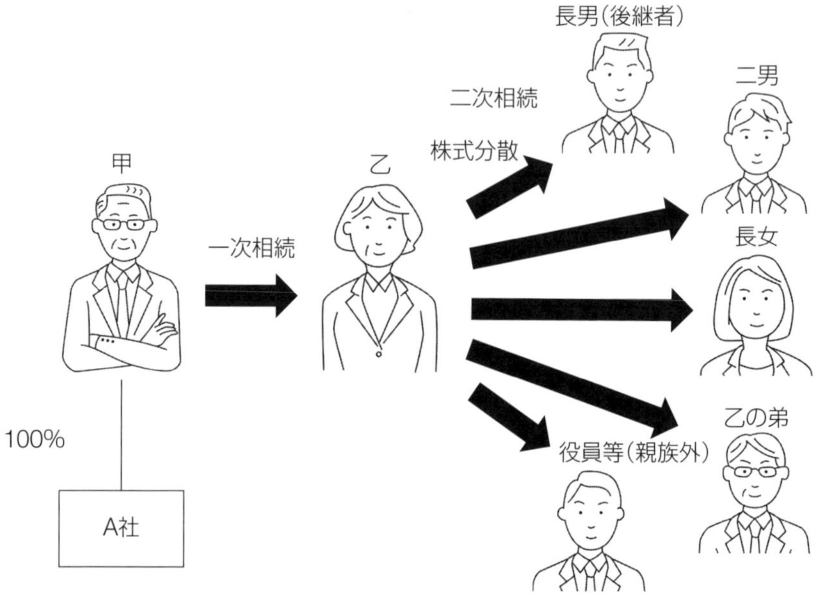

1 事案の概要

A 社は甲が興した食料品製造業を営む会社です。A 社は地元の方たちからも愛される企業で，業績は順調に推移していました。その結果，A 社の株価は毎年上昇していました。そんな中で甲に相続が発生し，A 社は配偶者である乙が社長を引き継ぐことになり，株式を全て取得しましたが，株価が高額になっていたことに乙は非常に驚きました。

乙は，このままでは次に自分に万が一の事があった場合の相続税が高額になってしまうと心配し，顧問税理士に相談しました。そこで，顧問税理士から提案を受けたのは，相続税対策として，乙の財産を減らすために，後継者である長男と，会社の経営にかかわらない二男，長女，その他の親族にも A 社の株式の生前贈与を行うことでした。また，モチベーションアップのために従業員や役員にも株式を持たせることとしました。

その後，乙に相続が発生し，A 社の株式については長男が２分の１超を保有し，残りを二男と長女で均等に保有する形で遺産分割を行いました。協力

図表 9-16　株主構成の変化

株主構成	甲の相続後	顧問税理士相談後	乙の相続後	数年後
乙	100％	51％	–	–
長男（後継者）	–	20％	51％	51％
二男	–	10％	20％	–
二男の相続人	–	–	–	20％
長女	–	10％	20％	20％
乙の弟	–	3％	3％	–
乙の弟の相続人	–	–	–	3％
役員	–	3％	3％	–
役員の相続人	–	–	–	3％
従業員	–	3％	3％	–
従業員の相続人	–	–	–	3％
合計	100％	100％	100％	100％

的な二男と合わせて議決権の３分の２を確保できることから，特別決議についても特段問題ないと考えていました。

ところがその数年後に二男が急逝し，A 社の株式は二男の相続人である妻と子が取得しました。二男の妻と子は長男の経営に対してあまり協力的ではなく，経営方針について反対されることが増え，意思決定に不都合が生じるようになってしまいました。

また，M&Aの話をもらい，いい条件だと判断し進めようとしましたが，３分の２以上の株主の賛成が得られません。さらに，M&A にあたっては全株式を譲渡することが必要になりますが，役員，従業員の中にも相続が発生し相続人に株式が渡っているケースがあり，非常に複雑な株主構成になっていました。同族株主である長男が買手となるため，原則的評価方式により算出した株価を適正な価格とし従業員の相続人に買取交渉を行ったところ，さらに高額な買取額を請求されてしまうこともありました。長男は必死に現在の株主の調査や買取交渉を進めましたが，あまりに時間がかかりM&A の話は頓挫してしまいました（第２章「図表 2-1　保有株式と権利の内容（抜粋）」参照）。

2 失敗の Point

今回のケースの一番の失敗は，乙が株式を後継者の長男だけでなく経営にかかわらない親族や従業員等に分散させてしまったことです。株主の相続が発生したことにより，さらにその相続人へと株式が分散してしまったことで，中小企業の強みである意思決定の早さや経営の柔軟さが失われてしまいました。乙の相続税の負担軽減には成功したかもしれませんが，事業承継としては検討不足で失敗に終わったと言わざるを得ないものとなりました。

また，乙の相続にあたり二男の協力を見越して A 社株式を長男が単独で３分の２超を保有していない状態にしてしまい，安定的な経営を行えない状況を作ってしまったことも失敗の要因でした。

3 成功への道筋

株式分散を防止しながら株式の保有割合を減らす方法として，従業員持株会の設置が効果的です。従業員持株制度とは，従業員の中長期的な資産形成を支援することでの福利厚生の充実や，経営参画意識の向上を図ることを目的として，従業員が会社の自社株を取得することを奨励する社内的な制度です。同族株主以外への譲渡のため，例外的な評価方法である配当還元方式にて低い金額で売買することができます。

事案のように従業員が直接保有する形だと，従業員の退職時に都度買取交渉を行うため買取価格が高額になってしまったり，買取を拒否されたり，相続により株式が分散してしまったりなど，様々なリスクが考えられます。対して従業員持株会を通して間接的に保有する形だと，退職時に従業員持株会が買い戻すことや売買価格を規約で定めておくことでそのようなリスクを回避することができます。そして従業員持株会へ経営に支障がない範囲で株式を譲渡することで，乙の株式保有割合を減らすことができます。

既に株式が分散している場合は，早期に社長又は後継者へ株式集約を検討すべきと考えます。譲渡する側は高い価格，買い戻す側は低い価格を希望するため，買取交渉をスムーズに進めるために適正な株価を算出する必要があります。また，適正な株価より低い価格で買い戻した場合，買い戻す側に贈与税が課せられる可能性がありますので，ご注意ください（第４章「図表　4-6　非常場株式における時価の種類」参照）。さらに，株主名簿を作成し株主構成を常に明らかにしておくことも将来の様々なリスクへの対策として有効です。

4 参考

会社法では，株式会社が相続等で株式（譲渡制限付）を取得した者に対して買取請求を行うことができる旨を規定しています。強制的に株式会社が買い取ることができるというものです。

（相続人等に対する売渡しの請求に関する定款の定め）

> 第174条　株式会社は，相続その他の一般承継により当該株式会社の株式（譲渡制限株式に限る。）を取得した者に対し，当該株式を当該株式会社に売り渡すことを請求することができる旨を定款で定めることができる。

買取請求を行うためには株主総会の特別決議により定款にその旨を記載する必要があります。また，実効する際も特別決議が必要になりますのでご注意ください。

第10章

実務上の留意点

第８章・第９章では，組織再編がどのように事業承継対策や成長支援において活用できるかを事例ベースで述べてきました。ただ，一方で我々税理士は組織再編を活用することによって生じうる税務上・経営上のデメリットも理解し，顧問先に説明する義務があります。

顧問先から『税理士から提案されて組織再編を行ったのに，こんなこと聞いてなかった……』という声を聞かないためにも，組織再編を行うことにより生じるリスクや懸念点，起こりうる問題点を確認しましょう。

1　税務上の留意点

1　組織再編の経済合理性

組織再編の本質は経営戦略であり，株価対策を主眼に置くものではないことを強く申し上げておきます。しなしながら，副次的な効果として株式評価の引下げの効果も期待される場合も多々あります。株式の評価方法は相続税の財産評価基本通達によって定められていますが，意図的な株式評価引下げ策に関しては，持株会社の評価方式を中心として種々の封じ込め策が講じられてきました。また，近年，過度の評価引下げ策に関しては伝家の宝刀である総則６項により個別に税務否認が行われています。

どのような再編手法も，単に株式評価の引下げのみを目的とし，節税以外の経済合理性がない場合には，相続税法64条第１項等に基づき，行為計算否認を受ける恐れがあります。

税務調査に対応するのは税理士です。スキームの構築にあたっては，「なぜそのような行為を行ったのか」，「スキームの選択にあたりなぜそのような方法を採用したのか」，細心の注意を払って，組織再編行為の経済合理性をしっかり説明できるようにしておくことが何より重要です。

2 組織再編における比率の考え方

組織再編を実行する際は，株式交換比率・合併比率・分割比率などの比率を算定するケースが多くあります。企業価値（株式評価額）の比率は，合理的かつ客観的であることが必要とされ，均衡を欠いた比率は寄附行為や同族株主間の贈与認定等が生じる恐れがあります。そのため，採用した評価方法の理由や評価の根拠資料を残しておきましょう。株式評価の方法は様々ありますが，実務上，同族の非上場会社については，特に税務リスクを考慮し，法人税法上の時価（法基通 9-1-13，14）や純資産価額などをベースに算定されることが多いかと思います。

【参考：非上場株式の評価手法】

① 財産評価基本通達を基にした評価
純資産価額方式／類似業種比準価額方式／併用方式／配当還元方式
② 財産評価基本通達以外の評価方法
時価純資産価額方式／DCF 法／収益還元法／類似会社比準法／ゴードンモデル法等

なお，算定した比率によっては，組織再編時に 1 株に満たない端株の株式が生じることがあります。市場価格のない会社の端株が発生した場合，売買に際して原則裁判所の許可が必要になり，手続に時間を要してしまいます。そのため，実務的には端数の合計額に相当する数の株式が 1 株を超えないように，端数の株式の発生を回避します。その方法として，①株主間で事前に売買や贈与などで移動する，②比率算定の小数点以下を調整する，③株式分割をして発行済株式数を増やすなどの対応が考えられます。

3 組織再編後における税務の影響

組織再編後の税務の影響についても，事前に把握しておかなければなりません。例えば，組織再編により「資本金＋資本準備金」や「資本金等の額」が増加したことで，地方税（住民税均等割など）に影響が生じる可能性があります。均等割は今後毎期発生する税負担のため，顧問先に事前に説明しておく必要があります。

また，組織再編時は，適格要件を充足していれば法人税等の負担は生じませんが，不動産を移転する場合には，原則不動産取得税と登録免許税の負担が生じます。移転する不動産の価額が大きい場合は，その負担が多額となる可能性があるため，移転コストと移転するメリットを十分に比較検討することが重要です。

なお，不動産取得税は，合併は非課税とされており，会社分割は以下の非課税要件を充足できれば課税は生じないこととなっています。当該要件で気をつけなければならないのは，移転する不動産の事業が継続することが要件となっているため，会社分割により事業所から賃貸不動産に変わるような不動産の移転であれば課税対象となります。

図表 10-1 〉不動産取得税の非課税要件（分割）

① 分割会社の株主に対して金銭等が交付されないこと
② 分割事業に係る主要な資産及び負債が分割承継会社に移転していること
③ 分割事業に係る従業者の 80 %以上に相当する者が，
分割後に分割承継会社の業務に従事することが見込まれていること
④ 分割事業が分割承継会社において継続的に営まれることが見込まれること
⑤ 分割会社の株式の割合に応じて分割承継会社の株式のみが交付されること
（分割型分割のみ）

消費税については，組織再編による資産負債の移転は課税対象外となります。ただし，納税義務の判定は別途行う必要があります。特定新規設立法人に該当するケースや，合併，会社分割があった場合の基準期間における課税売上高の計算が必要になるケースもあります。

見落としがちなのが，前述のとおり，株式移転をした場合の最初に子会社から受け取る配当の取扱いです。親会社は子会社の配当計算期間の初日から当該計算期間の末日までの期間において継続して完全支配関係がない場合，完全子法人株式等には該当しません。同様に計算期間を通じて支配関係がなければ関連法人株式等にも該当しないことになります。ただし，配当基準日における子会社株式の保有割合は５％を超えるため，非支配目的株式等には該当しません。

すなわち，その他の株式等に区分され，受取配当金については50％益金不算入となります。所得税額控除については，原則はその元本を所有していた期間に対応するものとして計算される所得税の額を控除することとされていますが，株式移転の特例により配当の計算の基礎となった期間の開始日から設立日の前日までその元本の全てを所有していたものとみなして月数計算するため，全額法人税から控除することができます。

合併の場合は，繰越欠損金を組織再編後においても使用あるいは引き継ぐことができるかも重要なポイントになります。含み損のある資産を保有している会社と組織再編（合併・会社分割・現物出資・現物配当）を実施した場合の特定資産譲渡等損失の損金不算入の適用も同様です。

これは，組織再編後に含み損のある資産を譲渡等することによって生じた損失を損金に算入できないというものです。これらは，支配関係が生じてから５年を経過していない会社との間で組織再編を行った場合には制限を受ける可能性があるため，事前に十分な検討が求められます。

組織再編を実行した場合の届出書についても，もれなく作成し，提出することも忘れないように注意しましょう。特に提出期限が明確に定められている届出書は，期限以内にもれなく提出をしなければ，受けられるべき優遇措置を受けられずに経済的な損失を被るおそれが生じます。

【組織再編の実行にあたり検討すべき再編後の税務に関する事項】

□① 均等割への影響
□② 不動産移転コスト（登録免許税及び不動産取得税）
□③ 消費税（特に納税義務の判定）
□④ 株式移転があった場合の配当（受取配当金の益金不算入，所得税額控除）

□⑤　繰越欠損金の引継ぎ及び使用

□⑥　特定資産譲渡等損失の損金不算入

□⑦　届出書関係

（参考：企業組織再編関係の届出（国税庁HP：https://www.nta.go.jp/taxes/tetsuzuki/shinsei/annai/kigyosaihen/mokuji.htm））

2　税務以外の留意点

1　間接部門の配置

組織再編は会社分割，株式移転など，会社を新たに増やす手法が多いことは既に述べたとおりです。

グループ会社の数が増えてくると，必然的にグループ会社が独自で様々なことを判断する必要があり，それなりに間接部門も自前で持つ必要が出てきます。

以前までは同じ社内に依頼できていた総務業務，経理業務，採用業務などを，自社内である程度は完結させる必要が生じてくるため，グループ会社の増加に比例して間接部門及び間接業務（人事業務，総務業務，経理業務など）も増加してくることとなります。

そうなると現在の人員では足らず，間接部門に新たな人員を迎え入れることや，また新たな社内システムなどを導入する必要が生じ，思わぬコスト増となる可能性があります。

間接部門の増加とともに，グループ全体の管理部門をどの会社に置くのか，総務経理機能を各社に置くか，本部が全体を見る体制にするのか，各社の管理体制はどのようにしていくのか，そして，グループ企業全体の間接業務の効率化をどう図っていくのか，そちらも併せて組織再編の実行前に検討する必要があります。

2 許認可問題

組織再編で事業移転を実行する際には許認可にも気をつけなければなりません。

建設業や派遣業のように，許認可がないと事業が行えない業種の会社が組織再編を実施する場合には，それぞれの許認可を主管する行政機関等に事前に問い合わせておく必要があります。

新たに設立する会社へ事業を移転させたいというニーズがあったとして，会社分割により新会社を設立し，事業に対応する資産負債はスムーズに移転ができたものの，その事業に関する許認可の取得が間に合わず，事業開始は数か月先，といったこととなると当初の計画からは大きく外れ，今後の事業計画が大きく狂う事態に見舞われる可能性があります。

会社分割による許認可の承継の可否は主に以下の３つのタイプに分かれます。

① 所定の手続を取れば自動的に承継されるもの（理美容業，飲食業など）

② 行政庁の承認が必要なもの（ホテル・旅館業，パチンコ店業など）

③ 再申請の必要があるもの（建設業，宅建業など）

会社分割では，分割会社から承継会社へ事業を分割する際，所定の届出のみで行政の承人が不要なケース，承認が必要なケース，再度取得しなければならないケースの３つがあります。

その組織再編行為が新設分割であるのか，吸収分割であるのかに加え，許認可の種類によっても承継できるか否かが異なってきます。

会社法上は全ての権利義務を承継することになっていても，許認可は行政法上定められているものであり，法律体系が異なります。そのため，組織再編により自動的に移転しない許認可が多く，建設業関係，酒税関係，運輸関係，医薬品関係，自動車整備関係など，許認可の移転手続きに数か月から１年以上かかるケースもあります。

許認可の承継は会社分割後に事業をスムーズにスタートできるかどうかを分ける重要なポイントです。

組織再編により事業を移転しようとしている会社がある場合には，顧問先の許認可の状況及び移転検討事業にどのような許認可が必要となるのか，経営陣へのヒアリングのみならず，総務部署や行政書士などとも連携して，進めていく必要があります。

3　債権者保護手続

合併や会社分割では債権者保護手続が必要となり，債権者保護手続には，個別催告と公告があります。個別催告は，組織再編を行う前から既に取引のある金融機関や仕入先といった債権者に対して，組織再編を行うことを個別に知らせます。これにより，外部の債権者が組織再編を行うことを事前に知ることができ，債権者自身が不利益を被ることがないかどうかを判断することができます。公告は，官報や日刊新聞紙，電子媒体を通じて組織再編を行うことを公に知らせることをいいます。会社法では，債権者による異議を申し出る機会が損なわれないように，原則として官報による公告と個別催告の二重の手続によって債権者保護を図っています。

特に借入金が移転する会社分割では，この債権者保護手続が煩雑で長期化することがないよう，分割対象債権について，債権の債権者が分割承継会社もしくは新設分割設立会社とともに，もともとの債務者である分割会社に対しても請求できる（重畳的債務引受）ようにするかどうかの検討も重要です。不動産の担保についても，債務者等の変更登記が必要となります。

組織再編に伴い金融機関からの融資が発生する場合などは，組織再編後の事業規模や業績が組織再編前に意図したとおりであり，自社の格付けが悪化しないことを数値で示さなければならないため，事業計画書の作成が必要となる場合があります。融資を実行する金融機関は，その事業計画書に基づいて，組織再編後の事業の達成状況を数値で読み取り，収益弁済の実行可能性，融資実行可否の判断を行います。

4 従業員の異動手続

組織再編を行う際には従業員への配慮も必要です。合併や会社分割で従業員が移転する場合，原則として労働契約が自動的に承継されるため特別な手続は必要ありませんが，組織再編後の人員配置（余剰人員が生じる可能性はないか）や，労働条件（給与や退職金，労働時間，福利厚生など両社で異なる場合，どのように統一するか）を検討の上，従業員へ説明し，理解と協力を得ることが重要となります。中小企業退職金共済制度や厚生年金基金，確定拠出年金など外部の退職金制度を導入している場合は問題なく移管できるかどうか，その変更手続について社会保険労務士等への相談することをお勧めします。

従業員が転籍する場合の会社の退職金制度については，転籍前の会社を退職したことになるため，転籍時に退職金の支出を行うか，転籍後の退職時に退職金の支出を行うか，各社の負担をどのように算出するかなどを検討する必要があります。転籍前・転籍後の会社にとっての課税の取扱いが異なるほか，従業員にとっても勤続年数が通算されるかどうかによって退職所得の課税が異なるといったこともあるためです。

5 銀行口座の引継ぎ・開設

既存会社では，取引先に周知されている銀行口座の情報は組織再編後も継続して使用できることが望ましいですが，そのまま使用できるかどうかは金融機関によって取扱いが異なるため，事前に金融機関への確認が必要になります。

また，組織再編により設立される新設会社では，設立登記後に口座開設を行うことになりますが，法務局から新設会社の謄本を取得できるまで通常1，2週間程度かかるため銀行口座を持たない期間が生じます。

口座開設までの期間に既存会社に入金された現金を新設会社へ振り替えるなどの対応が必要です。

6 既存契約の見直し

合併・分割は包括的承継であるため，資産・負債と同様に契約や許認可についても基本的には承継会社へ引き継がれます。
ただし，組織再編行為を禁止する条項や既存契約に制限がかかる条項が含まれていないか，予期せぬうちに契約に違反してしまうことのないよう確認をすることが重要です。

組織再編を行う際には事前に取引先へ周知し，契約書の更新や覚書を取り交わすなど円滑な承継を行うための適切な対応が必要になります。

7 ガバナンス整備

株式交換や株式移転により，兄弟会社を親子会社方式，いわゆるホールディングス体制にする場合には，税務面，法務面のみならず従業員の意識にも注意する必要があります。今までは，資本関係は並列，つまり，兄弟会社の従業員同士，という共通認識があり，お互いに切磋琢磨し，企業の未来のために寄与ができていた，ということもあるでしょう。

しかし，資本政策の一環でホールディングス体制にした際に，子会社の従業員が『将来的に自社はM&Aの対象となってしまうのではないか』『親会社の従業員の方が待遇がいいのではないか，出世が早いのではないか』といった疑惑を持たれてしまう恐れがあります。

併せて，グループ経営にあたっては，人員体制の状況によっては上記のような出向や転籍といったことも行う必要があるかもしれません。

そのような状態の中で，『自分は子会社に左遷された』『出世競争から外れてしまった』などといった従業員のモチベーション低下にも気を配る必要があります。

図表10-2 ホールディングス移行後の社員のモチベーション

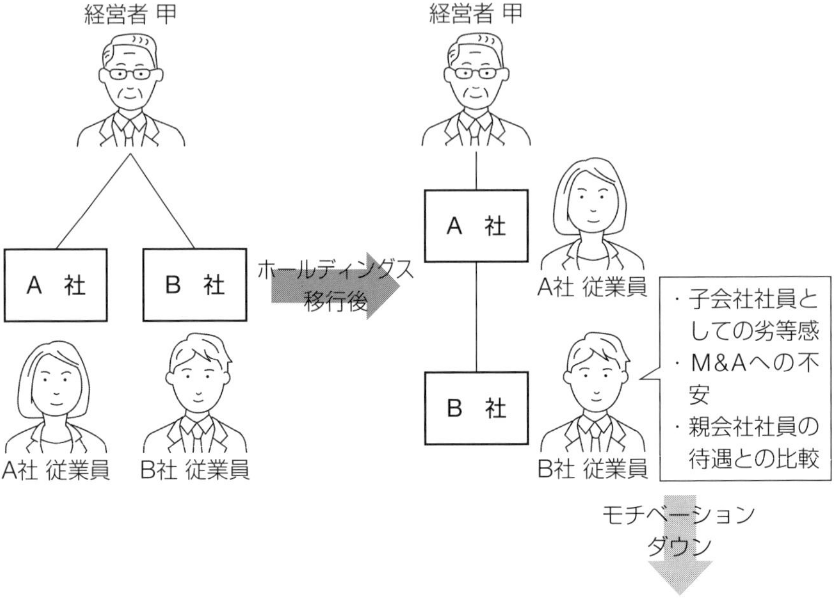

グループ企業が全体で成長し続けるには親会社と子会社の間で健全な関係を築けるか否かも重要な要素です。そしてこのような健全な関係をグループ全体で築いていくことができるかどうかは，親会社の姿勢や行動次第といえます。

資本関係だけに依存した体制のみではいずれグループ経営の限界がやってきます。親会社の従業員の気持ちのみならず，子会社の従業員の気持ちを理解し，支援し，導いていくためにもグループ全体の状況を把握する経営陣の能力が必要です。

一方，これからの時代にグループシナジーを最大限実現するため，子会社にグループ企業への帰属意識を持ってもらい，グループ全体の物事を考えてもらう必要があります。しかし，親会社，つまりホールディング側が，子会社を支配しているという意識を強く持つことで，シナジーを阻害することがあります。

我々専門家は，このような可能性も意識した上で提案を行う必要があります。

8　責任者問題・仮装隠蔽問題

組織再編を行い，会社を分けることによって，各社ごとに数字の管理，営業目標などを設定し，各社の業績を見える化できることは既に述べたとおりです。しかし，各社・各事業ごとで数字目標，成果指標を明確にしていく，ということは，各社の業績がダイレクトに数字となって現れる，といったことを意味します。

もちろん，グループ経営化にあたって，数字の見える化，業績の見える化，責任の見える化を目的として導入される経営陣の方も多いかと思いますが，見える化を進めていく一方で業績至上主義に陥った場合の弊害も見逃せません。

例えば，子会社の経営者が親族外の従業員からの生え抜き経営者である，といった場合には，親会社の期待に応えよう，先代を超える業績を上げよう，といった意気込み，はたまた，親会社からの業績数値の期待に対するプレッシャーに耐えかねて，売上の過大計上，経費の過少申告など，粉飾決算などの行為に手を染める可能性があります。

また，グループ経営を行うにあたってのもう一つのリスク，それは監視機能の低下に伴う，社員不正などのリスクが増加することも併せて認識しておく必要があります。

いままでは会社の数が少なかったため，本部のみで監視機能が適正に働いていたものの，組織再編によるグループ経営化による会社の増加によって，本部からの目が届きづらくなり，社員の不正が行われる，といった可能性も生じうるのです。

社員による不正の最たるものは，会社のお金を懐に入れるといった『横領・着服』です。

その他にも企業独自のノウハウの流出や意図的な顧客情報の漏洩なども最近では取りざたされています。株式会社 KPMG FAS が 2019 年 7 月に行った，『日本企業の不正に関する実態調査』[1] では，「不正が発生したと回答した

1　https://assets.kpmg/content/dam/kpmg/jp/pdf/2019/jp-fraud-survey-20190716.pdf

企業は429社中135社にのぼり，その割合は回答企業の3社に1社であった。そのうち，本社（回答企業単体）では不正が発生していないものの，国内または海外子会社で不正が発生したと回答した企業は61社（約45％）にのぼった。また発生した不正の損害額は，国内又は海外を問わず，子会社で発生した不正の方が大きくなる傾向があった。」とあるように，いまや企業の不正は他人事でなく，企業不正の損害額は，子会社で発生した不正の方が大きくなっている，という衝撃のデータがあります。

社員による不正は企業に金銭的な損害を与えるのはもちろんのこと，取引先や銀行，株主などのステイクホルダーにその事実が明らかになれば，管理体制の甘さが問われ，会社の信用失墜にもつながりかねません。また，この

図表10-3 〉発生した不正の内容（複数回答可）

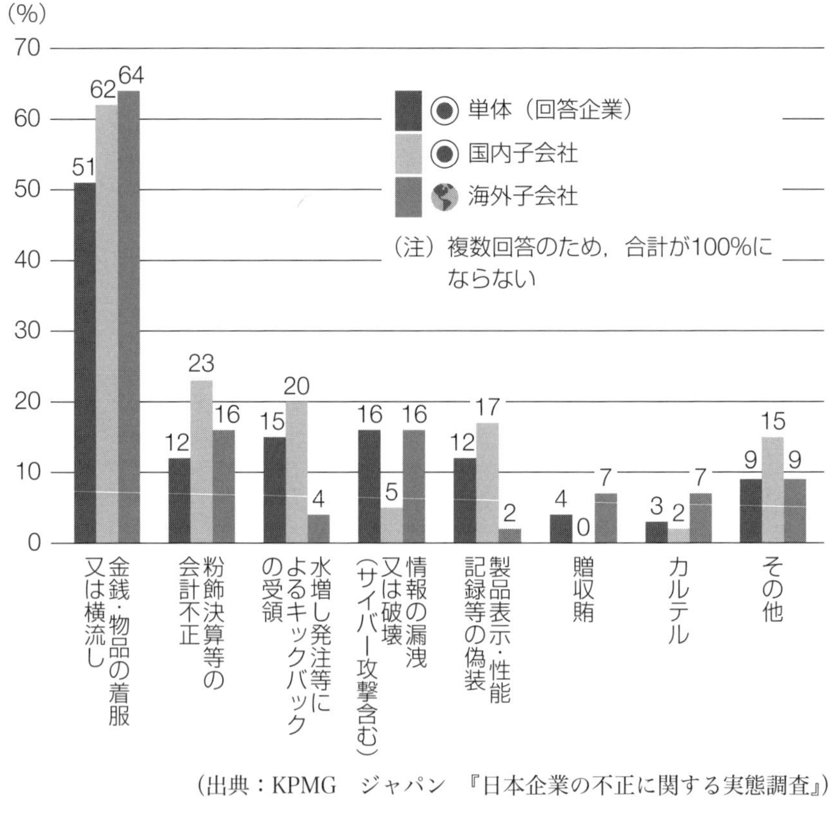

（出典：KPMG　ジャパン　『日本企業の不正に関する実態調査』）

ような不正が生じやすいのはモラルが低い人に限らず，いたって普通の社員というケースも多いです。

会社の備品を私物化する，業務に関係のない飲食費を交際費として申請する，といった最初はそのような少額の不正でも，監視機能が緩くなっていればそれが当たり前になり，従業員のモラルが徐々に綻んでいきます。そしてそのようなモラルの小さな綻びが積み重なって最終的には商品の横流し，架空外注費の計上などといった大きな不正につながってしまう可能性があります。性善説に従い，各従業員のモラルに任せる，従業員を信じる，といった考えも素晴らしいことだと思いますが，グループ体制が大きくなり，従業員の数が大きくなってくるとどうしてもそのようなリスクへの対策を講じる必要が生じます。リスクヘッジにあたっては，内部統制の仕組みを構築していくことが不可欠です。

内部統制への取組みは，経営者としての姿勢を表すものであり，適切にグループ経営を行っている，という社員へのメッセージにもなるかと思います。

9　グループ経営理念の重要性

グループ経営も軌道に乗ってきて，会社の数が増える場合には，改めてグループ経営理念の作成・浸透が重要となってきます。

企業は人の集合体です。そしてグループ経営を行う，ということは様々な人が社員として働き，そして個々に判断を下していくことが必要となっていきます。もちろん，企業ごとに特色が出てくることは悪いことではありません。しかし，その際にバラバラな判断軸で行動していてはグループ企業全体としての方向性は決して定まることはなく，グループシナジーも生まれることはないでしょう。できる限り同じ方向を向いて全社員が働くことが企業としてのパフォーマンスを上げることに他なりません。

そのような中で必要なことは，グループ経営理念の策定です。

グループ経営理念の作成・浸透によってそのグループ会社全体が目指す，企業の経営や活動に関する基本的な『考え方』，『価値観』，『思い』，そして何よりも『企業の存在意義』を従業員，株主，取引先に示すことができます。

また，経営理念は組織の軸を作ることにも役立ちます。

経営理念を組織の中に浸透させることによって，経営理念を社員の行動指針として活用することもできます。経営理念が浸透した組織では，経営理念を軸に，個々の社員が自律的に判断，行動できるようになるので，強い組織を作るための礎として活用できます。

さらに，経営理念は，優秀な人材の確保にも役立ちます。経営理念を明らかにすることで企業の考えをはっきりと示し，企業の価値観に共感する優秀な人材の採用，求心力の向上などにも活用することができます。では，経営理念のメリットを理解したところで，どのように経営理念を創り，浸透を図っていくのが望ましいでしょうか。

多くの企業の経営理念は，経営者がトップダウンで決め，それを社員が実行する感覚が強く，社員を統治するための道具として活用されているのが実状だと思います。それでは，社員は「やらされ感」や「危機感」を煽られるものとなり社員にとって有効なツールにはなりえません。

経営理念は経営陣のみならず，従業員も納得できる内容を作成する必要があります。

そこでありがちなのが経営理念を全社一丸となって作ったものの，作成のみでそのまま満足してしまう，ということです。果ては，従業員の誰も自社の経営理念を覚えていない，といった状況も少なくなく，決してそのような状況にならないようにしなければなりません。経営理念をいかに浸透させるか，といった問題は他の企業においても重要な課題となっています。

現にHR総合調査研究所が過去に行った『企業理念浸透に関するアンケート調査』の結果では，半数以上の会社が『経営理念が浸透しているとは思わない』と回答しています。

経営理念の浸透にあたっては様々な施策が考えられます。

図表10-4　「経営理念は浸透しているか」についてのアンケート調査（有効回答117社）

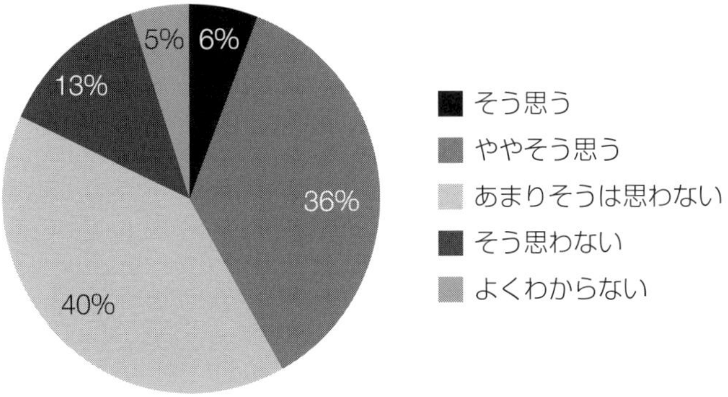

（出典：HR総合調査研究所（HRプロ株式会社「企業理念浸透に関するアンケート調査」2013年8月 https://www.hrpro.co.jp/research_detail.php?r_no=77））

経営層から社員への説明の機会を設ける，といったことや社内ポータルサイトの活用，社内報の発行，人事考課への取入れなどです。

例えば，私たちアイユーコンサルティンググループでは，『日本のミライに豊かさを』をグループVISION，『中小企業・資産家を支えるプロフェッショナルとして高付加価値サービスを提供する』をグループMISSIONとして定めています。

30名くらいの人員までは経営陣と現場の距離が近く，経営陣の考えを直接現場に落とし込むことができたのですが，30名を超えた頃から，徐々に現場への浸透が難しくなってきました。

そこで私たちは，グループ経営理念をはじめ社内規則をまとめた「COMPASS」を作成し，月初MTG及び毎週社内MTGにて読み合わせを行っています（毎年改定）。

人数が多くなるとどうしても経営陣の考えが直接従業員に届きづらくなり，現場からも経営陣が何を考えているのかわからない，企業としてどの方向性へ進もうとしているのかわからない，といった声が上がることは少なくなりません。

そのような事態とならないように，グループ経営を検討の際にはグループ経営理念を早めに策定し，浸透の施策を構築していく必要があります。

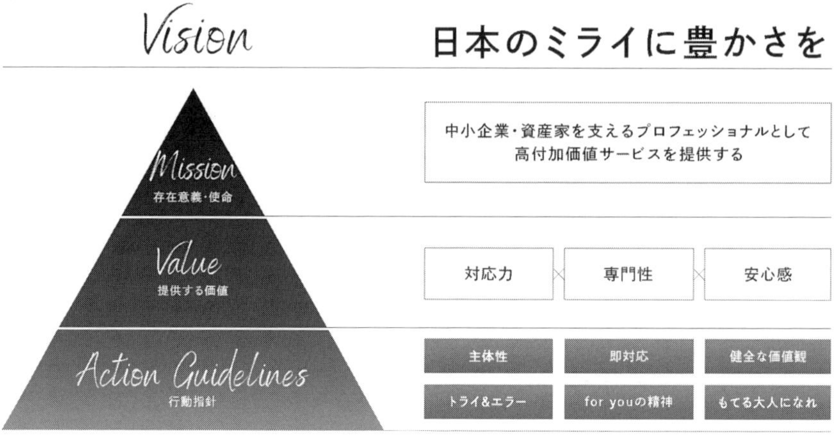
Vision
日本のミライに豊かさを
Mission
存在意義・使命
中小企業・資産家を支えるプロフェッショナルとして
高付加価値サービスを提供する
Value
提供する価値
対応力
専門性
安心感
Action Guidelines
行動指針
主体性
即対応
健全な価値観
トライ&エラー
for youの精神
もてる大人になれ

終 章

顧問税理士が行動すべきこと

1 積極提案のすすめ

ここまで読み進めていただき,「組織再編で見出せる明るい未来をさっそく提案してみたい」という気持ちになっている方も多いかもしれません。

とはいえ,組織再編を提案できる顧問先を一からどのように探せばいいのか,また,提案をするにしてもその会社の変遷や株主構成,家族構成,財産状況,将来どのような会社にしたいのか,などを全く知らない状態からヒアリングし,組織再編,事業承継対策を提案することは手間もかかります。さらには,「十分にヒアリングができていない状態で実行まで進めるのは非常にリスクも高い」と感じる方もいらっしゃるでしょう。

もしそのようにお考えであれば今一度,自社の顧問先企業に対して組織再編・事業承継対策の提案ができないかの掘り起しを行うことをおすすめします。

皆さんが長年お付き合いされてきた顧問先であれば,信頼関係の構築を一から行う必要もなく,企業の歴史,経営者の想い,経営者の家族構成,後継者,従業員のことを長年のお付き合いの中で理解した上で,そして,何より顧問先のさらなる成長に向けての未来を経営者と共に考えることができます。

また,当然ながら,顧問先は新規に顧問先を見つけるよりも圧倒的に営業コストや時間がかかることなく,組織再編・事業承継対策の提案につなげることができるのは言うまでもありません。

営業戦略を立てる上で『1：5の法則』という法則があることはご存知でしょうか。『1：5』の法則とは新規顧問先を開拓し売上を上げるためのコストは,既存顧問先を維持して売上を上げるコストの5倍かかる,という法則です。

組織再編・事業承継の提案にあたっての新規顧問先の獲得にあたっては,

STEP1　見込み顧客の創出（広告出稿，見込みリストの作成，紹介）
STEP2　見込み顧客へのアプローチ
　　　　（紹介，飛び込み，テレアポ，DM，セミナー）
STEP3　見込み顧客へのヒアリング，決算資料などの資料受領
STEP4　簡易提案，見積り作成
STEP5　受注

といった流れになりますが，STEP1～STEP3にあたっては時間もコストもかかりますし，そもそも見込みを見つけたとしてもどのようにアプローチをすればいいのかわからない。なんとか経営者にお会いできて話を聞いてみたものの，まったく事業承継に関係のない明後日の方向の相談で提案にまでつながらない，など解決すべき問題は山積みです。

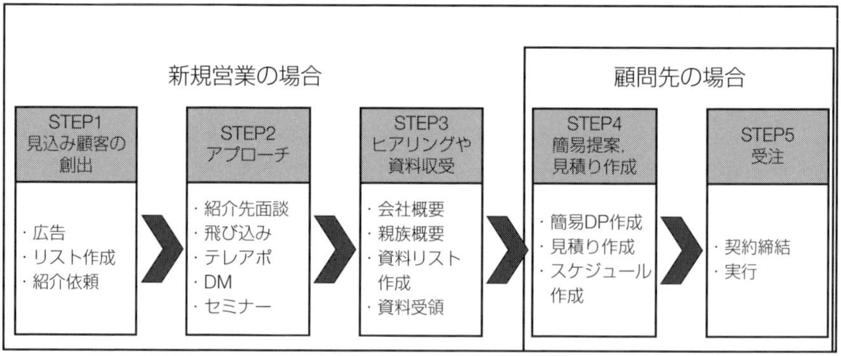

それに対し，既存の顧問先であれば既に信頼関係は構築されているのはもとより，何よりも決算書や申告書，株主構成，所有不動産，既存借入返済の状況などの提案にあたっての必須情報は内部にあります。

また，日々の打ち合わせの中で顧問先にどのような悩みがあり，将来的にどのような問題が生じそうか，といったことを事前にイメージを付けることができ，提案に進むまでの手間を大きく省くことができます。

では，顧問先が最大の提案先になる中で，どのようにして，顧問先からの事業承継・組織再編業務の受注に向けての掘り起しを行えばよいのでしょうか。アイユーコンサルティンググループでは，案件の掘り起こしの施策として定期的に顧問先の事業承継検討会を実施しているので，参考までにその手

法を紹介します。

事業承継検討会とは，定期的に顧問先の各情報を毎期決算ごとにデータベース化し，顧問先ごとに事業承継・組織再編の視点で提案できることはないか，といったことを議論する場です。

【事業承継検討会の確認ポイント】

確認項目	確認ポイント	状況
①　経営者の親族関係	配偶者のみ，もしくは推定相続人なし	はい　いいえ
②　経営者の年齢	60 歳以上	はい　いいえ
③　株主構成	5 名以上	はい　いいえ
④　直近期の簿価純資産	1 億円以上	はい　いいえ
⑤　直近期の税引前利益	1,000 万円以上	はい　いいえ
⑥　後継者の有無	いない	はい　いいえ
⑦　代表者勘定の有無	1,000 万円以上	はい　いいえ
⑧　事業承継のタイミング	5 年以内	はい　いいえ
⑨　関連会社の有無	あり	はい　いいえ

上記９つの項目のうち，確認ポイントが『はい』の項目が４つ以上であれば潜在的に事業承継（状況によっては相続）の問題が生じる可能性があると判断します。もしくは，事業承継の観点からして提案ができる候補先になりえます。

例えば，①につき『はい』ということであれば突発的に相続が発生した際に誰がその株式を承継するのか，また，配偶者と経営者の兄弟に相続が発生している場合には，甥っ子姪っ子との関係性によっては遺産分割がまとまらない可能性があることから，遺言が必須となり，相続税試算及び遺言の提案を行う，というような感じです。

これらの項目をもとに将来起こりうる問題点を羅列して，場合によっては簿価＝時価と仮定した簡易の株価の試算結果やディスカッションペーパーを顧問先に持参し，現在の状況を把握してもらうのも良いきっかけとなるでしょう。

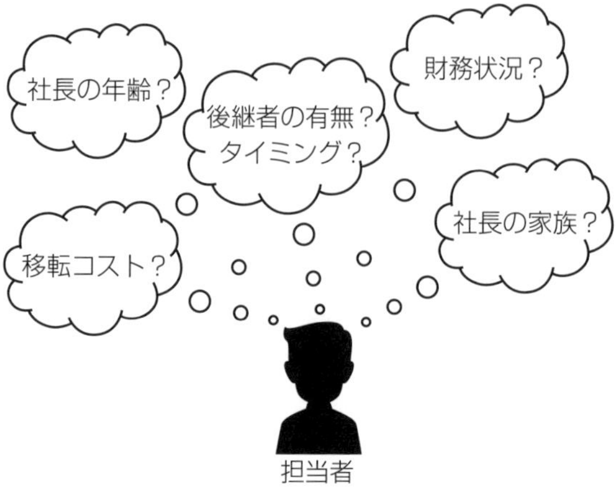

また，事業承継検討会の結果のご報告は決算報告のタイミングがベストかと思います。

決算報告のタイミングであれば，ちょうど自社の１年間を振り返るタイミングにもなります。普段は担当者に任せている中で，なかなか顧問先の経営者と会う機会が少ない所長先生も決算報告は同席される，という方は多く，その際にじっくりと会社の未来をヒアリングすることもできるのではないでしょうか。

なお，事業承継検討会の開催にあたり，現時点で不足している情報やヒアリングができていない項目（経営者の親族関係，後継者の有無，事業承継のタイミングなど）もあるかと思います。

それは顧問先とのコミュニケーションが不足している，もしくは，顧問先との信頼関係の構築がまだできておらず，各情報について共有してもらえていない，といった異なった課題が生じている可能性もあり，そのような事務所が顧問先に対して潜在的に抱えている問題も早めに把握することができる，といった副次的な効果もあります。

事業承継検討会において受注できる業務は事業承継，組織再編案件に限りません。

経営者，ないしは経営者親族の相続税の試算ニーズや，経営者個人が不動産を保有している場合の不動産法人成りニーズなど，多岐にわたるニーズの喚起が可能になると考えられます。さらに，この事業承継検討会の目的は顧問先からの事業承継・組織再編案件等が受注できる，といった収益の一つとして考えられることのみならず，以下のようなメリットもあります。

1 顧問先の解約防止

良質な顧問先ほど，潜在的に事業承継問題を抱えています。

そのような良質な顧問先は付き合い先も多く，様々なステークホルダーから多種多様な情報が入ってきますし，事業承継・組織再編の提案を受けることも数多くあります。

万が一顧問先が

・　顧問税理士は何も提案してくれない

・　顧問税理士は資産税や事業承継の知識がないため相談相手にならない

などの不満を口にしている場合は危険信号といえます。

このような不満が積み重なって，顧問料の値下げ交渉，果てはステークホルダーから紹介された税理士にそのまま税務顧問を変更されてしまうケースがあります。

事業承継や組織再編の提案は，顧問先の経営状況，後継者の有無や育成状況，会社の財務状況，金融機関の保証の状況など，内的要因のみならず外的要因が原因で，即座に実行に進むとは限りません。

しかしながら，実行のタイミングは違えど，『きちんと自社に対して提案ができる，事業承継や組織再編といった専門的な領域も相談できる顧問税理士』といった信頼を顧問先から得ること，印象を与えることが大切なのです。

顧問税理士が主体的に提案を投げかけることで，いざ組織再編・事業承継を実行しようと思った際に，企業の存続を支える事業承継分野でも頼られる税理士たりうるのです。

顧問税理士を変更する際の最も多い理由の一つは『提案力不足』です。普段提供する税務顧問のサービスはなかなか目に見えない部分が多く，明確に顧客に伝わりづらい，といった弱点もありますが，顧客にとっては我々税理士からの提案を求めていることは事実なのです。

この提案に至っては様々なものがあります。

代表的なものでいけば，節税提案などでしょうが，その他にも業務の合理化，融資・補助金サポート，MAS監査（アイユーコンサルティンググループではミライサイクルという名称），などといった様々なサービスが考えられます。

そのような提案の中に，会社の未来を考える，事業承継・組織再編の提案といった選択肢を含めることは，より顧問先の満足度を高めることに繋がり，顧問先と末永いお付き合いができるきっかけとなるのは間違いありません。

2 従業員の事業承継提案力の向上及び離職防止

税務顧問業務はどうしても属人性が高く，個々人の能力によって提案・実行できる業務は異なってきます。しかし，事業承継検討会を行うことで，担当者にとっても別の視点から顧問先へのアプローチや解決手法が見つかる，といったことが可能になります。

また，自身の担当先のみならず，他の担当者の顧問先への提案手法や提案内容を学ぶことで間接経験を得ることができることから，事業承継の提案力が向上し，多くの担当先に対しても事業承継，組織再編の観点を持った提案ができるようになります。併せて，事業承継検討会の取組みを通じて，知識や経験を事務所全体で共有することで従業員の知識欲を満たし，離職防止にもつながる，といったメリットにもなります。

税理士事務所職員の転職理由で非常に多いものはキャリアアップです。ルーティンワークに飽き飽きし，さらなるキャリアを積める場を求めて転職を希望する職員は多いでしょう。そのような場合に，事業承継，組織再編といったこれまでとは異なる学びや経験を提供する場を設けることで，従業員の新たなモチベーションになり，離職防止にもつながります。

3 事業承継対策チェックシート

事業承継検討会では，顧問先の各情報をデータベース化し，顧問先に対して相続・事業承継の観点で提案できることがないかを議論していきますが，

「忙しくて事業承継検討会まで手が回らない」「取り急ぎ自社の顧問先から検討先を抽出したい」という税理士の皆さんは以下の事業承継対策チェックシートもご活用ください。

こちらは，私たちが提携先の税理士事務所の顧問先に対して事業承継対策，組織再編提案を検討する際に活用しているものです。

【事業承継対策　チェックシート】

番号	種別	勘所	提案	内容
(1)	1社の場合	大会社	退職金等	利益圧縮により株価が下がるため，利益ゼロの場合の株価試算の実施。
(2)		株価上昇を抑制したい	株式移転	一時的に株価を下げることが目的ではない。37％控除により株価上昇を抑制できる株式移転を検討。株特でも，37％控除は使える。
(3)		大会社かつ課税所得高額（課税所得３億円以上）	分社型分割	課税所得が高額過ぎて，一過性の利益圧縮が功をなさない場合がある。ゆえに，経常利益を圧縮すべく高収益部門を分社型分割で子会社に移転。
(4)		賃貸不動産部門がある場合	株式移転 売買	株式移転によりホールディングス設立。賃貸部門を，売買又は現物分配を用いてホールディングスに移転。移転から３年後，不動産は相続税評価になるため逆ザヤ享受（売買の場合）。
(5)		複数の後継者に部門ごとに承継させたい場合	分割型分割	複数の会社を作ることにより，承継対象会社を増やす。分社型分割だと対象会社の子会社となるため，分割型分割にて兄弟会社化する。
(6)		比準要素数1の会社等の場合	配当	配当の検討。
(7)	複数社の場合	債務超過会社がある場合	合併 株式交換	合併により債務超過会社の超過額をもって，対象会社の資産と相殺することにより純資産を圧縮（ただし大会社以外）。株式交換のロジックは次項目に同じ。
(8)		総資産が高額で純資産が低額の会社がある場合	株式交換	株式交換により当該会社を親会社とすることで，子会社の株価のうち個人株主にはねる金額が半分程度になる。総資産が高額のため，株特にならない。
(9)		大会社がある場合	株式交換	大会社を親会社とすることで，その他子会社の株価が個人株主に反映されなくなる（大会社は類似採用のため，純資産が膨らんでも株価に反映されない）。

(10)	複数社の場合	合算すれば従業員数が 70 人超の会社となる場合	合併	合併による継続従業員数が増加する結果，大会社となる（中の大の可能性も模索）。
(11)		賃貸不動産部門がある場合	株式交換 売買	株式交換により 1 社をホールディングス化。賃貸部門を，売買又は現物分配を用いてホールディングスに移転。移転から 3 年後，不動産は相続税評価になるため（売買の場合）。
(12)		親子会社がある場合で，親会社が株式保有特定会社の場合	現物分配等	適格現物分配等により，親会社の資産割合を増加。
(13)	その他	役員借入金がある場合	DES 等	欠損金あり→債務免除 欠損金なし→ DES，疑似 DES 期限切れ欠損金あり→第二会社方式（分割と清算）
(14)		不要資産がある場合	買換特例	外部売却の上，都心の優良不動産に資産の組み換え。
(15)		株式評価上の会社規模が小さく，かつ，純資産高額(3 億円以上)	納税猶予	株式の評価額が高額になりやすく，かつ，株価対策により株価の引下げが難しい場合が多いため，納税猶予の適用を検討する。その際，後継者以外の相続人がいる場合には，他の相続人に対する遺留分対策も併せて検討する。
(16)		納税猶予を検討する場合	組織再編	後継者の気持ちの変化・環境の変化に備え，M&A にも対応できる形に資本政策を行う。
(17)		退職資金の準備	保険	保険を活用して簿外積み立て。退職年度→承継，翌年度→保険解約（被保険者が退職者の場合には注意が必要）。
(18)		創業者利益確保	HD・買取	退職済，かつ先代に資金需要がある場合。後継者がホールディングス作成し，ホールディングスにて資金調達後に株式買取（→いずれホールディングスと対象会社合併）。 C/F インパクト要確認
(19)		少数株主がいる場合	株式集約	少数株主が自社株式を保有したまま相続が発生してしまうと，少数株主の相続人が議決権を保有してしまう。株式分散の防止策として集約方法と集約コストを把握し，早めの対策を実行する。
(20)		早めに株式承継は済ませたいが会社経営は継続したい	信託等	議決権を残したまま生前に自社株式を承継できるよう，株式承継信託や黄金株，無議決権株式といった種類株式や属人的株式の提案。

(21)		企業オーナーに小規模宅地の特例の評価減が薄く，かつ，会社で土地を所有している場合	相続対策	会社所有の土地を企業オーナー個人が購入し，逆ザヤ及び特定同族会社事業用宅地等による評価減を狙う。
(22)	その他	許認可事業や風評被害が心配な事業の場合	会社分割	会社を分けることで，万が一の事態が既存会社に発生しても，事業継続する環境を整える（許認可は引継げないことも多いため要注意。建設・宅建・薬局など）。
(23)		株式の評価額が高額で，株価対策がしにくい場合	持株会 投育	第３者に株式所有してもらうことにより，株式所有割合を減少させる。 無議決権化し，資本関係がない協力会社に協力してもらう。
(24)		名義株式がある場合	株式集約 株式整理	当初の出資の有無を確認し，名義借りであれば，法的手続に基づき真正な名義（真実の名義人）へ変更する。

例えば，顧問先の状況が，複数の会社を経営していて１社は大会社であり，株価上昇を抑制したい，といったニーズがある場合，大会社を親会社とする株式交換を実行することで，子会社の株価が個人株主に反映されなくなるといったような効果が得られる，という感じです。

ただし，税務上の留意点で先述したとおり，どのような組織再編手法を用いる場合においても，株価対策に主眼を置くと伝家の宝刀総則６項や行為計算否認規定による否認対象となりえるため，いずれのスキームにおいても株価対策や相続対策の目的のみならず，事業継続，拡大等の目的との兼ね合いで実行を検討する必要があります。

2　シェアリングエコノミーの時代，パートナーシップを考える

最近では，シェアリングエコノミーという言葉が広く一般的に使われるようになりました。

シェアリングエコノミーとは「空き部屋や空き家など，目に見えるものか

ら料理やDIYの代行など目に見えないものまで，『個人が保有している遊休資産の貸出を仲介するサービス』」を指します。一見すると不動産などの有形物を他者とシェアするような印象を受けますが，有形物のみならず，無形物も含みます。つまり士業においても知識・経験をシェアしていくこそが今後の士業の目指すべき姿であると考えます。

顧問税理士として日々経営者の悩みや課題を聞く中で，自身で対応できる問題もあれば対応できない問題もあるかと思います。医療の現場においても医者が自院で対応できない患者を他の病院に紹介するように，我々税理士業界ももっと他者と知識や経験を共有し，顧問先の発展のために力を合わせるべきです。

顧問先から税務以外の法務的な相談，労務的な相談を受けた際に他士業（弁護士，司法書士，社会保険労務士，行政書士等）の力を借りたことがある方は多いと思います。それと同様に税務の面においても事業承継や組織再編の相談を受ける際に上記のようなシェアリングエコノミーを行い，顧問先の未来を共に考えていきませんか。

私たちアイユーコンサルティンググループでは，IUダイレクト（https://iud.jp/）という同業者向けのサービスを展開しており，お陰様で現在170を超える税理士・会計士事務所の方々と提携しています。

私たちは，『日本のミライに豊かさを』をグループビジョンとしています。

これは決して我々だけの力では達成することはできません。ぜひ，本書をお読みの皆さんと協力して一社でも多くの中小企業支援を進めていきたいと思っています。ご興味がある方はぜひともお問い合わせください。

IUダイレクト

3　経営者は顧問税理士からの問いかけを待っている

最後に皆さんにお伝えしたいことがあります。是非，顧問先の経営者に問いかけをしてください。

「事業承継をどのようにお考えですか」

「今後の成長戦略を社長の口からお聞かせください」

「会社の未来絵図を一緒に考えさせてもらえませんか」

税理士の皆さんから「込み入った話はしにくい，特に事業承継は経営者が会社を離れる話なので聞きにくい」という相談を受けることが非常に多いのですが，聞いてはいけない話ではありません。断言できますが，経営者の皆さんは顧問税理士からの問いかけを待っています。事業承継は，会社を永続させるための一大イベントです。ましてや，経営者のパートナーたる顧問税理士からの問いかけなのですから，嫌な気持ちになるはずがありません。

経営者の皆さんはビジネスのプロです。決して，税務や財務，事業承継のプロではありません。我々は事業承継の支援に数多く携わっていますが，その経験からすると，経営者の皆さんは事業承継のゴールが見えていません。つまり，「考えようとは思う。しかし，何をどう考えればいいのかわからない」という状況です。加えて，ステークホルダーから様々な提案もあり，「何が正解かもわからない」と視界に靄がかかった状態なのです。だからこそ顧問税理士の皆さんからの問いかけが大切であり，経営者の靄が晴れる答えに繋がるのです。何年も何十年もともに歩み，会社のことを一番理解し，考えてくれるパートナー，それが顧問税理士なのですから。そして，税理士の一言にはお客様の人生を左右する力があることを心に刻み，我々税理士は，大切なお客様に最善のご提案をできるよう，日々研鑽に努めなければなりません。

あとは言動するのみです。大切な顧問先のために，是非問いかけをしてみてください。

「社長。御社のミライのために，一緒に事業承継を考えさせてください。」

目の前には，安堵の表情を浮かべる社長がいるはずです。

あとがき

企業の経営目的は「発展と繁栄」です。経営するためには経営資源（ヒト・モノ・カネ・情報）が必要ですが，中でも私たちアイユーコンサルティンググループでは「カネ」が重要であると考えています。カネがなければ，ヒトもモノも情報も手にすることができないからです。

当たり前ですが，経営者はビジネスのプロであり，「カネ」のプロではありません。経営するための一番重要な経営資源であろう「カネ」に関して，知見がないのが実情です。では誰が経営者をサポートすることができるのか？　私たちは，間違いなく顧問税理士であると確信しています。税務や財務，ましてや事業承継に精通した社員を雇用できる中小企業はそう多くありません。ですが税理士は，常に中小企業の傍らに立つ存在と言えるでしょう。顧問税理士は「カネ」のプロであり，経営者の右腕として経営目的の達成を補佐できる唯一の存在と言っても過言ではありません。

一方で，中小企業が発展と繁栄を継続させるためには，「成長」と「承継」のサイクルを回し続ける必要がありますが，我々税理士はその役割をしっかりと果たせているでしょうか？　改善傾向ではあるものの，「国税庁統計法人税表」（令和２年度）によれば，いまだ赤字法人率は62.0％です。もちろん経営者の手腕によるものも大きいですが，黒字転換するための経営戦略や財務的視点に基づいたアドバイスを税理士は適宜行っていると言えるでしょうか？　加えて，昨今では大廃業時代が足音を立てて迫っています。本書でも述べているとおり，円滑な事業承継に際する課題は整理されているのです。我々税理士は能動的に経営者の心の声に耳を傾け，それらの課題を解決するための働き掛けをしているのでしょうか？　残念ながら，全ての税理士がそうであるとは言えないでしょう。

私たちアイユーコンサルティンググループが，本書で伝えたいことは唯一つです。

「経営者の傍らに立つ我々税理士が変わることで，中小企業のミライは変わる」

我々税理士は経営者の右腕たる存在です。経営課題に関する相談を受け，共に解決すべき一番のパートナーなのです。アイユーコンサルティンググループは，全ての税理士が中小企業に寄り添い，有益な情報発信を継続することで，中小企業のミライは劇的に変わると信じています。現代はビジネス環境の変化が著しく，そのスピードも非常に速い時代です。現時点で安泰のビジネスモデルが3年後には陳腐化している可能性も少なくありません。

このような時代にまさに“必死”で経営と向き合う経営者をサポートする立場である我々もまた，従来の顧問業務から一歩先に進み，変化と向き合わなければならないのだと思います。ここで申し上げる変化とは，“提案型税理士”への変革です。本書では，その提案の一手法として，“成長”と“承継”の両輪から有効であり，今後も活用類型が増加していくであろう“組織再編”について述べさせて頂いた次第です。

しかしながら，難しく考える必要はありません。本書でも述べたとおり，現代はシェアリングエコノミーの時代です。知識やノウハウにご不安がある様であれば，その分野を得意とする専門家と一緒に業務に臨めばよいのです。大切なことは，変化を受け入れ能動的に動くことを決意し，必要な知識研鑽を継続すること。そして，顧問先の経営者の声に耳を傾けることです。

僭越ながら，本書をお読み頂いた皆さんに一つお願いをさせてください。私たちアイユーコンサルティンググループは中小企業の事業承継及び成長戦略をスポット型で支援する総合型の税理士法人です。中でも事業承継に関しては，4,350件を優に超える中小企業の支援をさせてもらっています。その経験から申し上げるに，経営者は「事業承継に関する相談をしたい」と切に願っていらっしゃいます。そしてその相談を，自社と二人三脚で歩み，誰よりも自社を理解してくれている顧問税理士にお願いしたいと考えているのです。

我々は皆さんのパートナーとして，共に課題解決のソリューションを模索し，提案することはできます。しかしながら，皆さんの顧問先経営者の声を聴くことはできません。それができるのは，顧問税理士たる皆さんだけなのです。もう一度申し上げます。

「経営者の傍らに立つ我々税理士が変わることで，中小企業のミライは変わる」

本書をお読みくださった皆さんにとって，少しでも共感頂けるところがあれば，著者としてこれ以上嬉しいことはありません。

最後になりますが，世の税理士の皆さんに，私たちアイユーコンサルティンググループの想いを発する企画・執筆の機会を与えてくれた税務経理協会の小林規明さん（編集グループ部長）には，この場を借りて心より感謝申し上げます。

アイユーコンサルティンググループ
代表取締役社長・税理士　**岩永　悠**
代表取締役副社長・税理士　**出川　裕基**

索　　引

【A～Z】

【あ】

【か】

【さ】

【た】

【な】

【は】

【ま】

執筆者プロフィール

アイユーコンサルティンググループ

～グループの総力活かし“日本のミライに豊かさを”の体現へ～

2013 年の創業以来，全国でも数少ない資産税（相続税・贈与税・事業承継・組織再編）専門の税理士法人として，国内トップクラスの案件（2023 年実績 1,063 件，累計 4,350 件超）を手掛けて参りました。2019 年には税理士法人アイユーコンサルティングを母体としたグループ化に着手し，M&A 時の DD（デューデリジェンス）案件や IPO 支援を主軸とする㈱アイユーミライデザイン，顧問業務特化型の税理士法人 IUManagement を設立するなど，グループとして事業領域のすそ野を拡大して参りました。

2024 年 7 月現在，全国 11 拠点，総勢 150 名を超えるスタッフとともに日々の業務に努めています。

私たちは主力の相続・事業承継案件業務をはじめ，当社では経営者と伴走型で利益体質の企業体を共創する MAS 監査サービス「ミライサイクル」など，企業永続に不可欠な「ヒト・モノ・カネ・情報」のうち，得意とする「カネ」にフォーカスを当てた各種サービスを展開しています。各専門家との提携・連携によるワンストップ体制を整えており，お客さまのお悩みを総合的に解決するコンサルティンググループとして，経営者や資産家の皆さまをはじめ，同業である税理士の先生方にも頼っていただける存在となりつつあります。

他方で，2022 年には，かねてより構想していたハンズオン型の「アイユーミライファンド」運営によるインキュベート事業を本格稼働致しました。いち経営者として日本のミライについて本気で考えた時，事業承継や相続だけでなく，事業承継後の後継者への成長支援や，ベンチャー企業など若い起業家への支援，相続後の資産運用支援等に取り組む必要性を強く感じたことがきっかけでした。今後も各地方に眠るベンチャー企業の掘り起こし・成長支援に取り組むことで，創業地である九州をはじめ，各地域経済の活性化に寄与して参ります。

　我々はグループビジョンに「日本のミライに豊かさを」を掲げています。途方もないビジョンだと思う方もいらっしゃるかもしれません。しかしながら，行動指針のひとつに掲げる「トライ＆エラー」の精神でグループ一丸となり着実に前進していくことで，「日本のミライに豊かさを」というビジョンは必ず体現できるものだと信じています。

【グループサイト】　【相続専門サイト】　【士業向けサイト】

【著者一覧】

岩永　　悠　（税理士）

出川　裕基　（税理士）

神谷　智道　（税理士）

石塚　由紀　（税理士）

青木　　恵　（税理士）

足立　賢亮　（税理士）

松下　孝司　（税理士）

小林　俊彦　（税理士）

向井　　基　（税理士）

本田　裕実子（税理士）

事業承継を乗り切るための
組織再編・ホールディングス
活用術(改訂版)

2021年９月25日　初版発行
2021年10月20日　初版第2刷発行
2021年12月25日　初版第3刷発行
2023年８月10日　改訂版第1刷発行
2024年９月20日　改訂版第2刷発行

著　者　税理士法人アイユーコンサルティング
発行者　大坪克行
発行所　株式会社 税務経理協会
〒161-0033東京都新宿区下落合1丁目1番3号
http://www.zeikei.co.jp
03-6304-0505
印　刷　美研プリンティング株式会社
製　本　牧製本印刷株式会社
デザイン　グラフィックウェイヴ
編　集　小林規明

本書についての
ご意見・ご感想はコチラ
http://www.zeikei.co.jp/contact/

ISBN 978-4-419-06913-1　C3032